ロナルド・ドーア

幻 滅

外国人社会学者が見た
戦後日本70年

藤原書店

幻滅

目次

幻滅

外国人社会学者が見た戦後日本70年

日本をどう見てきたか——序にかえて

長生きするということは、ありがたく感謝すべきことである。もちろん困ることもある。耄《もう》碌《ろく》の最初の段階でも、重要な昔の経験をまったく忘れることもあるし、まざまざと正確に覚えているつもりの事件でも、何か具体的な証拠が出てきて、実は記憶と違っていたと驚かされることもある。

子供だった一九三〇年代、本や親の話でしか知らなかった、第一次大戦前のイギリスがどうだったか、うまくつかめないで困ったことを思い出す。同じように、今の若い人たちは、おそらく戦争直後の日本がどういう国だったか、想像しにくいだろうと思う。本を読み、できれば当時の映画を見るしかないだろう。

この本もそういう、歴史家としてのめでたき好奇心を持つ人に読んでもらうのは光栄だが、さほど役に立たないだろうと思う。というのは、ここで書こうと思っているのは、客観的な事実——この場所で、この日に、何々が起こったというような事実——というより、以下のようなことだからである。

1　なるべく客観的に、時代時代で、日本社会のメディアの常識、インテリにおける支配的なムードはどう変わってきたかという、思想史というより、日本のムード史というか。

2　全く主観的に、自分の「日本」という存在・国・イメージに対する感情の移り変わりの歴史。大変な日本びいきだった若い頃の私から、最近、日本政府ばかりでなく、体制派というような官僚、メディア、実業家、学者などのエリート層の人たちにも、ほとんど違和感しか感じないようになった経過をたどってみたいと思う。

若い頃は、「親日家ドーア」として通っていた。永井道雄が大臣だった時、「日本文化審議会」とかいう妙な審議会を作った時、ドナルド・キーンと私を「親日家の二羽ガラス」としてメンバーにしてくれた。最近「嫌日家ドーア」か「反日家ドーア」がもう定着したかどうか知らぬが、そうなるであろう。ご親切な人はまだ「知日家」と呼んでくれる。

「主観的」とはいっても、私のそういう思想の放物線は、私の価値体系の変化というより、日本の実態の変化に沿っていると確信している。若い頃日本のガール・フレンドに惚れていたという事情が、その日本観を支配していた、という人がいるかもしれないが、今でも、日本の女性の親しい友だちもかなりいるから、それは重要な要因ではないと思う。やはり、変わったのは私でなくて、日本である。

その日本の実態の変化の叙述、および私のそれに対する言動の対応を両方織り込んで書くのは難しいが、実態叙述の章・我が心の遍歴の章を、かわるがわるに置くことにした。インターネット書店のアマゾン（amazon）によると、「我が心の遍歴」という言葉を題名に使っている本がすでに十冊以上もあるそうだから、一応十分確立されたジャンルだろうと思う。

今でも、大変親しい日本人の友達がかなりいる。日本に行く機会があれば、年金生活者の手がなんとか届くようなエコノミー航空旅行が苦手でも、喜んで出かける。その友人達との再会ばかりではなく、毎日の生活で、地下鉄、デパートの従業員、道角で花を売っているお婆ちゃん、居酒屋やすし屋のマスター、タクシーの運ちゃんなどとの日常の人間的な接触など、日本は依然として住み心地がいい国である。財界・官界の人でも、私から言えば、全く間違った、愚かな日本政府の政策——特に日米関係や日中関係の政策——を是とする人たちの中にも、人間的に馬が合う人もかなりいる（知己が少ないから、政治家について、同じことは言えないが）。

しかし、総理大臣、内閣大臣一般の言動、哲学、人物に対して、私が好感を持ち、その政策目標を私もだいたい同情的に是としたのは、三木内閣が最後だろう。せいぜい、一九八二年に中曽根に譲った鈴木善幸まで。

私の対日観を変えたのは、その後の憂うべき右傾化である。その原因は、中曽根や小泉など、我の強い政治家個人の世界観の影響もあっただろうが、十二年前に書いた『日本型資本主義と市場主義の衝突』(東洋経済新報社)で述べたように、米国のビジネス・スクールや経済学大学院で教育された日本の「洗脳世代」が、官庁や企業や政党で少しずつ昇級して、影響を増して、新自由主義的アメリカのモデルに沿うべく、「構造改革」というインチキなスローガンの下で、日本を作りかえようとしてきたことが大きな原因だったと思う。それと、日本の自衛隊の成長、シビリアン・コントロールの希薄化、ペンタゴンとの親密さの深化という、軍国主義化の傾向と。それも、鈴木善幸時代(彼に言わせれば、本人の意に反して)、ワシントンの首脳会談で、はじめて日米関係を正式に「同盟」と呼んだ時点が転換点となった。

政治経済についての常識の変化、共生・妥協・和を是とする社会から利益追求の競争社会への移行、そして平和主義から自国存在感の主張(勃興中国の抑制を目標とする防衛費増加への推移)が、私の幻滅の三つの大要因だが、さらに、第四の次元として、社会関係というか、人間関係というか、想像の世界というか、がある。私には知識が少なく、皮相的な印象しか持っていない文学の世界である。一九五〇年代は「自由学校」の獅子文六、「風にそよぐ草」の石川達三、『朝日新聞』の漫画の「サザエさん」の世界だった。一応良識ある憂国の士だがノイローゼで無能な男子、そしてシッカリした良妻賢母の女子の時代だった。単純な人間観だったかもしれないが、それに比べれば、二十世紀末からの村上龍、村上春樹の、ヒロインとしてノイローゼでSM好きの悪女が多いような文学より、よっぽど健全だったように思う。

まあ、あまり小説を読むひまがないので、以上のような皮相的な評価は間違っているかもしれない。しかし、新自由主義の浸透、軍国主義的・好戦的な対外姿勢の通常化を憂える私の気持ちは決して、皮相的な誤謬に帰因するものではない――と信じる。

第一部

親日家が歓迎される時代——一九五〇年代

第一章　占領下の日本

八月十五日の玉音

つい去年（二〇一三年）、ヴェネツィアでの「米軍占領とその後の日本」というイタリアの学者の会議に参加した。その時書いたペーパーに私は、藤田信勝という友人の一九四五年八月の日記を引用した（『敗戦以後』）。一九四八年の出版で、孫が現代語に再編集した大変面白い本の引用だった。藤田さん（のちに毎日新聞の「余録」担当編集委員）は当時、大阪の海軍総司令部詰めの、結婚して最初の子供が生まれたばかりの若い記者だった。

昭和二十年八月十日（金）　大阪

（…）二つの考え方が対立することとなった。すなわち、一つは軍によって代表される一億玉砕、最後の一人まで戦い抜いて刀折れ、矢つきて敗れれば何をかいわんやという考え方。他は、所詮勝味のない戦争ならば、無益の抵抗を徒らにつづけても駄目だ。この際、少しでも有利な条件の下に降伏して日本民族の悠久性保持のため事態を収拾すべしという考え方。（…）各人が自己の判断で決しなければならぬ秋に来た。新聞も（…）社内の大勢は和平論に傾いている。しかも出来上った新聞は、徹底抗戦を呼びつづけている。信念の裏づけのない空疎な文字が躍っている。

八月十四日（月）　大阪

最後の日がついに来た。ポツダム会議の三国共同申入を受諾して降伏することに決した。（…）しかし、今日はまだ戦争がつづけられている。今朝から大型機、小型機が、何回となく襲って来た。家を出ようとしたらとたんに空襲、どうせ電車はとまってしまうから、家で待機する。大阪の方向でズシンズシンと腹の底にひびくような爆弾の音がきこえる。（…）昼めしを食べてから家を出た。駅に近づくころ、まっ青な夏空をみごとな編隊で、次から次へＢ29が東南に飛んで行く。（…）憎いほど悠々と、まるで自分の国の空を飛ぶやうに落ちついて飛ぶ敵機！　大阪までの電車が、今度は小型機の来襲に遭った。待機すること三回、結局、今里から、海軍のトラックに便乗して社へ到着したのは午後六時ごろ。（…）すでに降伏に決していた。ポツダム宣言の受諾。無条件降伏。唯一の条件は「国体護持」という一点にある。

新聞は、十五日正午まで配達せず、正午にラジオをもって、陛下御親らマイクの前に立たせられて、停戦の詔勅が発表されるということだ。（…）

今夜の社内は、さすがに興奮している。酒とビールが、興奮をあふっている。三階の客室でH、S、Nなど社会部の同僚がやはりビールと酒で興奮していた。僕も酔っぱらったSに無理やりにお仲間入りさせられた。まだ防空暗幕を張った部屋である。

「暗幕をとってしまえ、戦争はすんだんだ！」

「最後の夜！　歴史的な夜！　ＯＫ！」

興奮と怒号。それから軍歌の合唱。足で床をふみならしたので、ついに階下の重役室から文句が出て、この「興奮の夜宴」も終らざるを得なかった。

（新漢字・新仮名遣いに改めた）

それに続けて、私はそのペーパーでこう書いた。

「人により、悦に入って喜んだり、自殺するほど絶望したりした。その十五日の晩に続いて、『一体どうなるだろうか。お嬢さんたちをどこへ疎開させて、隠すことができるか』、と不安の二週間が続いた。八月十八日にすでに内務省から、米兵の慰安所の準備を考えろという通達が全国に送られていた。」

「二週間後に最初の米兵が上陸した。米兵が女子を強姦するより、子供たちにガムを配布する存在だったことが分かって、もうB29の爆撃を恐れる必要がないと言う、身の安心感も加わって、占領軍に対して、好感さえ持っていた日本人が少なくなかった。」

そのペーパーにそう書いたが、それはWikipediaの「連合国軍占領下の日本」の項目を読む前だった。最近それを見つけたのだが、それによると、連合軍の統治下、外地および沖縄県と日本本土においても夥しい暴行、殺人、強奪、レイプ事件が日常的に発生していた。占領初期の一カ月、神奈川県下だけで二九〇〇件の強姦事件が発生し、七年の占領期間中には二五三六件の殺人と少なくとも三万件以上の強姦事件が発生したとされている。

また、「一九四五年九月十九日、GHQからプレスコードが発令され、占領軍の犯罪行為の報道が日本のメディアから消えた。検閲の存在そのものにも緘口令が敷かれていた」とある。

明暗

明暗の間に正しい色合いのグレーを見つけるのに、歴史家は苦労するだろう。
いずれにしても、占領軍の到来を幸いとした人たちは十分いた。

- 例えば、戦前から拘禁所に入ったままで、十月の総司令部の命令で終戦の二カ月後までに釈放された政治犯五百人。その中に、一九五〇年に追放されるまで共産党の指導者だった徳田球一および志賀義雄がいた。(その釈放命令は、のちに有名な在日カナダ大使となったハーバート・ノーマンが、当時、総司令部の対敵諜報部（CIS）調査分析課長としてやっとイニシアティヴをとって、マッカーサーに提言したものだった。ノーマンが、一九五七年に米国上院の「魔女狩り」で弾劾された時、この釈放事件がノーマンが密かな共産党員か共産党協力者であった証拠とされた。)
- 共産党のほかに、戦前の他の左寄りの政党から蘇った社会党、吉田など戦前リベラリストとされていた人たちの自由党など、自由な総選挙に向かって活動の規制をはずされた政治家。
- 産業報国会が解体されて、協調的な工場委員会を敵対的労働者の委員会に変えて、管理職を追い出す「生産管理」の戦術まで時々使ったり、「過激」な組合運動を展開した組合指導者。

・「重役の工場制服と帽子には、金筋が、社長のそれはベタ金となり、以下の職員、役付も、これに準ずる高下のシルシをつけた。一般従業員は、もちろん、金筋には、軍隊的敬礼を行わなければならなかった」[1]戦時状態から脱した企業で、工員・職員の別なく加盟する企業組合のモデルを作って、一九六〇年代に形成された「日本型共同体的企業」の土台を作った「過激」でない労働組合の指導者。

・軍国日本で黙っていた文学士も、軍部の息がかかっていて、銃後の市民を励ます愛国文学から転向して、情熱的に「一億総懺悔文学」を書く文学士も。

・戦前に大学を追い出されて、戦後に復帰した美濃部亮吉、大内兵衛をはじめとする、学問の自由を取り戻した学者。

・戦前の生半可な「自作農創設計画」が、ホンモノの農地改革の実現に発展する希望が持てた六百万戸の農家と、その農業組合の指導者、および石黒忠篤、和田博雄など、戦前から自作農創設に熱心だった官僚。

・靖国神社の遊就館から三百メートルほど離れた、九段下の、一九九九年に開館された「昭和館」の展示のヒロイン——モンペ姿の「銃後の」おカミさんたち。

当時の雰囲気は、獅子文六の「自由学校」や太宰治の「斜陽」を通じてしか私は知らないが、画期的な二、三年であったことは確かだ。Wikipedia の「連合軍占領下の日本」の主な項目を引用して、その範囲の広さの証拠としよう。

憲法

象徴天皇制

平和主義（戦争放棄）

国号（大日本帝国が日本国となる）

政治

極東国際軍事裁判

結党の自由と政治犯の釈放

財閥解体

産業解体

重化学工業を廃止・禁止するモーゲンソー案

農地改革
学制改革
六・三・三・四制の導入

大きな分水嶺

以上の改革がほとんど一九四七年の春以前に実施、あるいは準備されたものであった。占領の最初の一年半、総司令部の中にはルーズヴェルトのニュー・ディールの思想を汲む将官が多少いて、共産党が規定した「占領軍＝解放軍」というイメージを実証するような、反資本階級・親労働階級の態度で、日本社会を民主化するように努力していた。

ところが、一九四七年春となると、二つの大きな出来事によってそういう人たちは影を潜めて、吉田茂総理を代表とする日本の保守勢力を支援するように、占領軍の政策が変わった。そして、侵略国家日本の工業の再生を規制するというよりも、むしろ、米ソ関係がますます緊張して冷戦状態に落ち着くのにしたがって、なるべく工業開発的発展を促進するように一所懸命になった。日本の保守的伝統も、戦時中に作られた強い国家統制（野口悠紀雄が言う「四〇年体制」）も、利用し得るあらゆる要素を利用して、日本の経済成長を加速させ、米国は、いよいよ共産主義国家となりつつあった中国に代わる、太平洋における軍事的同盟国に日本を育てようとした。

二つの出来事とは、一九四七年二月の不発のゼネスト（二・一ゼネスト）、および三月の「トルーマン・ドクトリン」と呼ばれるようになった米大統領演説である。

二・一ゼネストの方は、一九四七年の正月の挨拶で、当時社会党右派を内閣へ抱き込む計画をしていた吉田総理が、共産党・社会党など左翼系の組合を「挙国一致を破らんとするがごとき……不逞の輩」と罵ったことがきっかけとなった。いつもお互いに喧嘩ばかりしていた、ばらばらの組合団体が団結して、「全闘」という組織を作って、二月一日のゼネストを宣言した。前日の一月三十一日、マッカーサーがストを禁止して、全闘の委員長伊井氏が総司令部に連れられて、涙をのんでスト中止の全国放送をした。後に、総司令部の容赦のなさを見せびらかすためだろう、伊井が占領政策に違反したとして逮捕され、懲役二年を宣告された。

その当時、ヨーロッパでは、ギリシャの内戦がますます、一方はソ連、他方は英米のプロキシー戦争（代理戦争）の性格を帯びてきた。一九四七年の二月になると、それまでのギリシャの主たる援助者イギリスが疲弊して、正式に米国に主役を引き受けるようお願いした。トルーマン大統領は三月十二日の演説で、ギリシャおよびギリシャの宿敵である隣のトルコへ、大量の軍事的援助を約束した。いわく、「国内の武装した少数派反乱分子、あるいは外部からの圧力に対して闘っている自由国民を援助することは、米国の古来からの政策である」と。その演説が、後に「トルーマン・ドクトリン」とされ、米国のソ連に対する封じ込め政策の定着、冷戦の本格化とされている。

そこで占領軍の占領政策の優先順位の変化がだんだんと明瞭になる。侵略日本を罰したり、日本が「再び太平洋の平和を脅かす力を略奪」したりするより、日本の工業能力の復活を支援したり、利用したりして（特に朝鮮戦争の特需において）、左翼分子を抑えて、反共政権を支持したり、警察予備隊・海上警備隊――のちの自衛隊の軍事力を増強したりするのが、主たる目標となった。そしてその変化を加速させたのは、いよいよ中国の内戦が終わって共産軍が北京に入り、蔣介石の国民党が台湾へ逃げた一九四九年だった。

"Who lost us China ?"――「我々の中国を盗んだのは誰のせいか⁉」という魔女狩りが米国会で展開し、ワシントンの反共熱がさらに熱くなっていった中で、サンフランシスコ条約および、その条約締結の条件としての軍事的占領を延長させる日米安全保障条約で、日本は冷戦の「自由世界」側に統合されていった。一方で、台湾を国連安保理事会の常任理事国の「中国」

として認め、中国本土を敵とする吉田書簡。そしてついに、二島返還で北方領土問題を片付けてソ連と平和条約を結ぶ交渉において、日本が諦めて二島返還に同意するという成果を挙げる寸前となったところで、アメリカが横槍を入れて、六〇年間も未解決の「紛争」のままに残して、交渉決裂となった。こうして、不可逆的に、日本の西側陣営への帰属が固まっていった。

当時、つまり五〇年代半ばには、米・ソ＝善玉・悪玉、という白黒論に全面的に承服していた日本人は、四〇％くらいだっただろうか。しかし、アメリカに対して、不服はあっても好意的に見ていた人たちがさらに多かった。一九五三年、のちに「日本の国民性調査」となるシリーズの予備調査で、東京二三区の調査対象に、いくつかの国の名前を挙げて、「好きですか、嫌いですか」と聞いた。その結果が**表1**である。

一般の国民感情からいうと、日本は「西側」につくのが当然だが、米国を批判し、ソ連をある程度好意的に見る社会党・共産党以外に、保守政党の中にも、日本の「本格的再軍備を」との米国の圧力に抗して、アメリカ製の憲法第九条を盾に、経済成長に専念する日本、軽武装しかない自衛隊の日本のイメージを防衛し続けた人たちもいた。

一九五三年の池田・ロバートソン会談で、池田勇人が頑張ってアメリカに本格的再軍備を諦

表1　ある国を好きか、嫌いか（日本、1953年）　　（単位：％）

国名	好き	嫌い	分からない／その他
米国	57	16	27
ヨーロッパ各国平均	40	15	45
中国	24	40	36
ソ連	8	58	34
韓国	5	72	23

めさせたのが、一つの転換点だった。後の池田・石橋・三木・福田・鈴木内閣までその線をまもってきたが、日本がいよいよ米癒着の路線に大きな転換をしたのは、中曽根内閣時代だった。

（1）法政大学大原社会問題研究所編著「日本労働年鑑　特集版　太平洋戦争下の労働者状態」http://oohara.mt.tama.hosei.ac.jp/rn/senji1/rnsenji1-107.html

保守・革新という乱暴な区別を使えば、私の親日家としての出発は、圧倒的に革新の日本との接触においてだった。

第二章　日本の社会の中へ——日本びいきの時代（その一）

イギリスから遠望する日本

一九四九年、七年前からイギリス陸軍省・文部省共同計画のコースのおかげで日本語を習って、一九四七年に「日本研究専門」の学士となった私は、ロンドン大学にいた。日本に留学するスカラシップをもらっていたが、マッカーサーが学生のヴィザを出してくれない。学生への解禁を待ちながら、江戸時代の藩校や寺子屋についての博士論文を書いていた。

一九四二〜四三年の日本語コースの先生のなかに、小樽高商で英語の先生をした人と、その日本人の奥さんがいた。その奥さんは大正時代の「モガ」で、非常に活発な、魅力的な人で、私はとても好きだった。よくその家に遊びにいった。「日本文化」の大学のコースよりも、彼女の話から日本的な感覚を吸収する方がよっぽど効果があったと思う。当時はごく少なかった日本からの旅行者が、口コミの紹介で、彼女の家で日本の家庭料理を食べに訪問していた。そういう人たちに会って、まだ少々おぼつかない私の日本語の練習をすることができて、運がよかった。

一九四九年の初頭には、労働組合の指導者の国際機関としては、世界労連という、アテネに本部をおく東欧の共産党が支配する組織しかなかった。冷戦が本格化してくると、アメリカの組合が脱退して、一九四九年に「国際自由労連」という反共の組織が生まれた。その最初の会議はロンドンで催された。

これは、日本の労組の指導者にとって、国際社会に戻る最初の機会となった。当時は、アメリカの総司令部が、反共政策の一環として、共産党の影響のない労働組合を一つの組織に集めようとして産婆役を演じていた時だった。一九五〇年にはその結果、「総評」が生まれたのだが、その総評の重要人物になりそうだと目星をつけた四人を、ロンドンの会議に日本の代表として出かけられるようにした。毎日新聞の組合委員長（後に毎日オリオンズのマネージャーとなる）の森口忠造、前線同盟の滝田実（後に近江絹糸の有名なストライキの指導者）、陸軍中将の息子で、九州大学の法文学科を出て、住友鉱業のサラリーマンから全鉱労連の委員長になった（後に総評議長）原口幸隆、国労の加藤某。

加藤氏はすぐガール・フレンドができて、あまり会議に出なかったのだが、他の三人は丹念に代表役を演じて、どういう紹介だったか忘れたのだが、私が通訳をすることになった。

当時、イギリスの対日感情は決してよくなかった。捕虜になったシンガポール軍の人たちが、マレーシア・タイ鉄道の建設の人夫とされて、大量に死んだ話などがしきりに語られた。後にロンドン・スクールの教授になった、有名なフィリップス曲線の発明者フィリップス氏についての逸話を聞いたことがある。「ビルマ鉄道はどうだったか」と聞かれての返事は、「ウン、食料が豊富じゃなかった。背の高い人たちは大体死んだ。僕は背が低くて生き残った」と。

そんな雰囲気のイギリスだから、復活しようとしていた、大阪の繊維産業の安い綿製品の輸入に対して、ランカシャーの繊維産業を守るために輸入税を高くするのは、当たり前とされていた。先進国が少しずつ後進国に市場をゆずらなければ、いつまでも経済開発ができない、と主張する「人類同胞」思想はあまり普及していなかった。先進国には後進国の開発を助ける義務がある、というのが常識になったのは、一九六〇年代、ケネディの南米に対する「進歩のための同盟(Alliance for Progress)」が始まり、そしてヨーロッパ諸国が旧植民地を独立させてからだった。その一環として、繊維製品に対する輸入税の段階的減税を約束したMFA（Multi-Fibre Arrangement）という国際的合意にいよいよ到達したのは、その十五年後の一九七四年だった。

「女工哀史」の時代に育った滝田さんは、もちろんその状態に大変不満を持っていた。私も同情していた。何とか、イギリスの繊維産業組合に、日本人も大変苦労していることを理解してもらって、輸入税引き下げの要望を理解してくれないかとお願いする機会を設ける方法はないかと思って、会議で、当時のTUC（英労働組合総合会議）の副会長、フェザー氏に、私が滝田さんとのそういう会合の設定をお願いした。ハッキリ覚えているのは一つの場面だけ。フェザーに近寄って、おずおずと話しかけると、「お前はナンだ」と、「この野郎」といわんばかりの軽蔑的な応答である。会談が実現したかどうか覚えがない。したとしても効果がなかったことは確かだろう。

しかし、のちにいよいよ私が日本に留学できるようになると、友達になった滝田、原口、森口の三人と付き合って、日本の底辺の生活状態、労働運動の明るい面と暗い面についていろいろ教わった。

特に、はじめからけしからぬと思ったのは、ＩＬＯ（国際労働機関）の何回もの忠告を受けながらも、日教組および国鉄労働組合のような、教育機関や国有企業のいわゆる「現業部門」の労働者の組織権、ストライキ権を制限する法律だった。占領軍が制定して、後の保守政権が喜んで保存した法律であった。政治闘争の一環として、総評が一日ゼネストを組織した時、国鉄労働組合も日教組も、法律に違反して参加すると、必ず儀礼的に、幹部の二、三人に「解雇」という制裁が行なわれた。そうして馘《くび》になった人の給料を代わって払う予算は、組合財政をいたって困難にした。塾を営んでいた、馘になった校長先生の家に、一九六五年に何カ月か下宿した私は、その不公平な法律のおかげで恩恵をこうむった。安い、いい下宿だったから。

終身雇用制など

ところが、そういう制度的悪弊を一つ一つ意識しながら、のちに大いに感心し、研究のテーマとなった日本の雇用制度、共同体的労使関係が、西洋のそれとかなり違うという意識は、あまりなかった。もっとも、事実上、当時はまだ後ほど制度化されていなかった。一九五〇〜五一年に観察した東京の印象と、私が住んでいた町内の組織的調査をまとめて『都市の日本人』（岩波書店）という本を書いたとき、百人のインタビュー調査にもとづいた「労働生活」という一章があるのだが、ほとんど近所の中小企業における仕事条件や、戦前ふうの家父長的温情主義の遺産などに集中していた。当時、経済同友会の「財界の鞍馬天狗」中山素平などが、総評の人たちとも話し合って、終身雇用を中核とする「日本的経営」の土台を作っていたことは、その本に記録されていない。一九五五年に生まれた「生産性本部」にも。

一つだけ、今まで書いたことのない一つの思い出がフッと頭に浮かんできた。確か、例の国鉄のストライキで馘になってあぶれた人――堂森とかいう名前だったと思うが――との話だった。「終身雇用、年功序列」のさまざまな意味を考えさせられたきっかけとなった。

私の父は、イギリスの鉄道に一九一九年に入って、終身のキャリアに出発した。彼の場合は、機関車掃除→臨時罐焚き→平時罐焚き→臨時地方線運転手→平時地方線運転手→臨時長距離運転手→平時長距離線の運転手――という〝組〟から〝組〟へと昇進するコースだった。家には、彼の六十五歳の誕生日、つまり定年退職の前の日に、ボーンマス(Bournemouth)からロンドンまでの急行を運転したのを、二歳と四歳の子ども、つまり彼の孫をつれて、ウォータールー(Waterloo)へ迎えに行ったときの懐かしい写真がある。

面白いのは、各組、各段階の昇進の時、競争はなかった。転職か死亡があって、x組のポストが空くと、x^{-1}組の人の中で、最も入社年月日の早い人が、そのポストを取る絶対的な権利があった。(そのために父はその権利を失うまいと単身赴任でボーンマスからブライトンへ行って、下宿を見つけたら我々が後から追った。私の小学校生活はブライトンで始まった。)

ところが、絶対的な権利といっても、昇進するごとに、簡単な能力試験——筆記試験——があった。父は十一歳で学校を出て、書くのが苦手だったのだが、その試験に苦労することがなかったらしい。簡単な受験予備コースを設定したのは、会社ではなくて、組合だった。そして経営者の任免権をきわめて制限したその制度自体が、十九世紀の終わりに労働組合が強くなって「勝ち取った」制度である。

ところが、戦前から国鉄に勤めた堂森の話によると、日本では昇進のパターンはそう違わないが、昇進適性検査はそんなおざなりなものではない。罐焚きなら、模型の罐があって、シャベルの一つ一つで、投げ方によって、ちょうど火面に平等に石炭をまくことができるかを試験官が点数をつける、という実地試験があった。そして、運転の上手さをはかる方法は巧妙だった。試験官が食堂のテーブルの上に、鉄の棒を立てる。断面二センチ平方、長さは四センチから二〇センチまで一〇本。どれだけスムーズな列車の止め方ができるかというスコアは、駅に止まるたびに、どこまで短い棒が倒れるかによって計った。親父にその堂森の話を伝えたときの彼の感心の至りをよく覚えている。

山川均・菊栄夫妻

もう一人、ロンドンで通訳をしてあげて、親しくなったのは山川菊栄だった。ご主人の山川均は、大正時代の共産党創立者の中で、最高の理論家として認められていた。のちにはコミンテルンの支部だった共産党と分かれ、一九二七年に『労農』という雑誌の創立者の一人として、歴史家、社会科学者のいわゆる「労農派」の心の故郷を作った。八年間牢屋に入って、一九四五年に前章で書いたように開放された、政治犯の人たち五百人の一人だった。戦時中、息子を育てながら、菊栄夫人が、鶉《うずら》飼いをしたり、自分の先祖の水戸藩を材料として『武家の女性』など、戦時中でも出版できる本を書いたり、何とか命をつないだそうだ。

戦後、官僚制度にも憲法（男女平等の）一四条が当てはめられて、社会党政府のときに菊栄さんが採用された。従来の官僚の昇進ルールを無視して、いきなり労働省の婦人少年局の局長となった。

当時、イギリスは社会保障制度の草分け国として、世界中で名が通っていた。大内兵衛を会長とする社会保障審議会の一九五〇年の報告が、日本の福祉国家建設のバイブルとなったのだが、イギリスの制度を詳しく紹介する報告書だった。その背景があって、山川局長が英国に視察に来て、少年労働者の労働条件という本業のほかに、当時の日本の労働省の中で問題になっていた、炭鉱労働者の珪肺症対策も片手間に調査した。一緒にウェールズの炭鉱に聞き取りに行った時、彼女があたたかく歓迎されて感激していたことを思い出す。

私が日本に来てからは、よく藤沢のお家へ遊びに行った。均さんはもっぱらバラを栽培しながら、現役の政治思想家の中で、自分の弟子・後輩に当たる向坂逸郎《さきさかいつろう》などの指導に当たっていた。向坂氏は、あまりカチカチの理論ずくで、感心しなかったが、山川夫婦は亡くなるまで、尊敬した友人であった。亡くなってから、東大の地震学の先生だった息子が、二人の一生の写真集を見せに来てくれた。特に印象的だったのは、山川さんが、明日出頭しなければならない晩の送別会の写真。二〇人以上の客の真ん中に座っている山川さんは、本を一杯包んである大きな風呂敷を抱えている。

東京の英文学者たち——吉田健一、中野好夫

一九五〇年になっても、学術研究のための入国ヴィザが出ないので、英外務省の友人にたのみ、彼のおかげで、「総司令部付、英国渉外局文化部長の無給名誉書記官」として二月に神戸

に上陸した。わかりやすく翻訳すれば、英国大使館の文化顧問の書生である。入国規制が改正され、学生としての滞在権を得て、東大で「特別研究生」として登録することが可能になるまで、文化顧問――有名になりつつあった詩人フレーザー（George Fraser）夫婦――と一緒に暮らして、片手間に彼の東京の英文学専門の学者たちとのネットワークづくりを手伝った。平凡な、英語も流暢に話せない英文学界のお偉方の中で突出して面白い人物は、吉田健一と中野好夫だった。

吉田さんは、茂総理の放蕩息子で、ユーモアたっぷりのエッセイスト、私にとっての料理グルメ案内。どこのひれ酒がうまいか、彼ほどの通はいなかった。東京ばかりでなく地方も。文藝春秋かどこかで全国名酒造めぐりのシリーズを書いたとか。

吉田さんは、十八歳やそこらでケンブリッジに入学して、どういう関係で中退したか知らないが、懲りずに自分の優秀な息子、健介を、東大理学部の二年から、同じケンブリッジに留学させた。息子はもともとシャイな男だったが、彼にとっては全くの異郷に放り込まれた身となった。準備なしで。お父さんにケンブリッジの事情について聞いたら、「行けば分かるよ」とばかり。彼がロンドンに着く二、三日前に「よろしく頼む」という健一の手紙が届いたから、空港で健介を迎えて、家へ連れてきて、例えばネクタイの結び方などを教えたりした。その後、ロンドンのインペリアル・カレッジで博士論文を終えるまで、よくうちに泊まったりしていた。うちの三歳の娘へのクリスマス・プレゼントとして、イソップ物語のラテン語訳をくれたような、ちょっと変わった男だった。素粒子研究で、かなりの業績を残して、二〇〇八年に亡くなった。ナポリ、ローマの主任教授で、学習院大学の講座も掛け持っていた。同僚の吉田健介への追悼文のあたたかさから分かるように、天才的で、まれな人だった。十八歳の時、素粒子理論ばかりでなくて、彼の趣味であった昆虫について、そしてお父さんから伝わった趣味で、ボードレールというフランスの詩人について、それこそ詳しい知識を持っていた。

ともかく、日本にも天才がいるということを自覚したのは、都留重人や丸山眞男と付き合うまでは、私にとって、あの健一と会ったときだった。

英文学会でもう一人感心した人は、中野好夫だ。中野さんとは、むしろ五年後の一九五六年ごろに会うことが多かった。ロンドンで知り合った加藤周一と一緒に。一九五五年の秋、私は日本へ農地改革の研究のために、加藤さんはパリでの医学研究を終えて日本に帰国するために、渡日する時期が同じだったので、マルセーユから同じ船に乗ることにして、七週間くらい一緒に暮らして親友となった。

加藤さんは戦時中医学生として、東京爆撃で、東大病院でてんやわんやの働きをする前の平穏時代の学生として、フランス文学の渡辺一夫、英文学の中野さんのところへ通っていた。だから、一九五六年ころ、加藤さんと一緒に中野さんに会うことがたびたびであった。特に覚えているのは、中野さんの弟子、木下順二の「夕鶴」が演出された時である。

中野さんは、ホンモノの大人物。Wikipedia によると、「その風貌とシニカルかつ骨太な性格から『叡山の僧兵の大将』との異名を取った」というのだが、なるほど。大笑いをよくする、博識で、口が悪くて、「進歩的文化人」として彼を揶揄した福田恆存より、性格的にシェークスピアの翻訳者として適していたと思う。太宰治などの斜陽族を「よき社会を自から破壊するていの反社会エゴイズムにほかならない」ものとしたのだが、太宰が「お返し」して、中野を「貧婪、淫乱、剛の者、これもまた大馬鹿先生の一人」と規定した。当時の月刊雑誌はザックバランな、面白い読み物だった。

吉田とか、太宰とか、福田などの文学士は、およそ非政治的な、体制授受者だったのと対照的に、中野さんは本能的に「政治的動物」、憂国の士であった。戦時中、極端な八紘一宇主義を軽蔑しながら、皇国市民としてものを書いていたのだが、彼にとって敗戦はまさに解放の時期だった。

占領が終わりに近づいて、平和条約のあり方について世論が分裂した。吉田—ダレスが一年以上かかって練って、サンフランシスコにもっていこうとした平和条約案は、米国に基地を提供する安保を代償とし、ソ連などを退けて西側だけとの平和にするという構想だった。左翼陣営はそれを排撃して、ソ連も参加できる平和条約を米国が受け入れるまで、占領が続いても頑張るべきだとした。

単独講和か全面講和か。朝鮮戦争もあって深刻になった冷戦状態の下、全面講和は本当は非現実的で、「とにかくアメちゃんに帰ってもらう」単独講和しか選択肢がなかったのが事実だったのだが、当時、冷戦の定着が必然的決着だと信じたくなかった私は、全面講和派に非常に同情した。その闘士の一人が中野さんだった。全面講和実現運動の中心で、「平和問題談話会」の創立者の一人であった。

全面講和で冷戦の緩和を望んだ人たち

この「談話会」の一九五〇年一月の最初の「全面講和」宣言に署名した三五人の中には、のちに私が親しくなった都留重人、鶴見和子、丸山眞男、川島武宜、桑原武夫のほかに、いわゆるリベラルの人たちもはいっていた。例えば当時、私および私の同僚だった東大の社会学研究室の助手たちという仲間で、大先生としてあがめていた有沢広巳、和辻哲郎、蠟山政道、安倍能成、羽仁五郎、矢内原忠雄、田中耕太郎。それと、心理学というわりに新しい分野で名を遂げた南博、宮城音弥、そして宮原誠一。

つまり、社会党も共産党も応援したにもかかわらず、決して左翼のグループばかりではなかったのである。

丸山眞男

肺の片方しかなかった丸山さんは、肺三杯分のエネルギーを出力する人であった。知的エネルギー。独創的で、決して定説で満足する人ではなかった。自分にとって新しい発想にぶつかれば(自分の発想でも、人の発想でも)それを検討したり、その含みを引き出したり、歴史的事例を探したりする彼の興奮は、犬がウサギを追うが如し。一〇〇%知識人だった。

そして一人よがりではなくて、相手も引き込む知的探求の姿勢を保った。友人として、友情にあふれる人であった。Wikipedia の丸山についての項目は面白い。業績を語る文章より長いのは、「批判」と題して、彼の歴史の読み違いとか、政治思想の欠陥などについて、十一人の批判文を引用している。特に安保当時、突出して著名になってから、そのような丸山攻撃が多くなった。自民党系の批判は当たり前だが、中には単なる妬みに根づいたように見える攻撃も多い。

当時のフランスで、J－P・サルトルについての意見を述べられない人はインテリの数に入れないのと同じように、味方か敵か、丸山についての意見がなければ、文化人と自負する権利がなかった。その著名さが崇って、七〇年の東大騒動のとき、新左翼の頭の空っぽな闘士が丸山を攻撃の的にして、研究室の中をあらし、ひどい目にあった。

最初に彼に会ったのは、当時荻生徂徠の論文を書いていたケンブリッジの友人のために、徂徠を詳しく論じた丸山さんに何か、資料のありどころか何かを研究室に伺って、聞きに行ったときだった。親しくなったのは、一九五六年、農地改革の研究のために私が再来日した時、吉祥寺のお宅で、農村問題と三〇年代のファシズムの関係について、石田雄など、丸山さんのグループが私のための特別なセミナーを二、三回やってくれた時であった。のちに丸山さんがオックスフォードで一年間客員教授だったとき、ブライトンの私のうちに泊まったりして、頻繁に付き合うことになった。

論壇

四〇年代の後半もそうだったろうが、私が日本に着いた一九五〇年ころ、東京の知的雰囲気は実に刺激的であった。保守的な『文藝春秋』、中道の『中央公論』、左の『世界』のほかに、同じ左寄りの『日本評論』もあった。

いわゆる論壇は活発であった。大学の研究室などは生き生きしていた。清水幾太郎、丸山眞男、加藤周一、竹内好、福田恆存の最近の論文を読んでいなかったら、仲間からはずれるくらいであった。

先日、池田信夫が丸山と福田の論争を振り返ってこう書いた(1)。

「論壇の勝者だった丸山は政治においては敗者であり、高度成長期には反時代的だった福田が、今となっては勝者である。しかし常識になった保守主義は批評性を失い、現状追認になってしまう。かつて丸山と福田が論じたような深さにおいて現在の日本の行き詰まりを問う論客も『論壇』もなくなった今、われわれにできるのは彼らを読み直すことぐらいだろう。」

まったく同感。

鶴見姉弟

もうひとつ、私がかかわったサークルは、鶴見姉弟が発起人となった『思想の科学』の人たちであった。私はフレーザー家と一緒に成城の進駐軍が徴用した家に落ち着いて、二、三日したら近所の床屋に行った。偶然、戦時中東大から追放された木村健康《たけやす》氏も待っていた。同じく近所に住んでいた鶴見姉弟を紹介してもらったのは、木村さんだったと思う。

和子お姉さんは、ヴァッサーというアメリカのトップの女子大学を出て、弟の俊輔はハーヴァードで勉強し、戦争開始のために中退していた。都留さんなどと同じ船で、日本に帰されたのである。ただ俊輔がお姉さんと違うのは、FBIに尋問されたときに、自分はアナーキストだと言い張って、しばらく牢屋にはいっていたことである。

俊輔は少し道化師じみたところがあって、人を呆れさせることが好きだ。発想が面白くて、八方美人という言葉があるが、鶴見さんは八方発想。著作は山ほどあるが、その中に退屈な文章はない。べ平連の闘士で、彼を可愛がった桑原武夫などの斡旋で、大学教授のポストが二、三あったのだが、いずれも長続きしなかった。確か東京工大の哲学専門の教授をやめたのは、安保の時に「そんなことをする政府の飯は食えない」と大騒ぎをして出て行ってしまったのだ。

お姉さんの和子さんはもう少し当たり前の人間だった。それこそ日本の女性文化の模範で、晩年着物の着こなし方についての本と和歌集を出版したのだが、特にうまいのは日本舞踊。実に威厳たっぷりの風貌でおどる人だった。

一九五八年、私がヴァンクーヴァーにいた夏に、蒲生正男と青柳清孝という人類学者とも一緒に、和子さんと四人で漁村調査を行なった。大学から遠くない、ほとんど一世、二世、三世の日本人ばかりが住んでいる漁村だった（蒲生正男編『海を渡った日本の村』という本。別に鶴見さんは二、三冊のライフ・ヒストリーを出版）。調査を始める前に村の人々に仏教の会堂に集まってもらって、説明会兼余興をやった。私が下手な落語をやって、和子さんは舞踊を演出した。大受け。カナダのテレビにも出た。

和子さんは後でプリンストンで博士論文を書いて、上智大学の社会学の先生になった。俊輔さんは博士号など凡庸なことと関係なく、もっぱら著作業で生計を保ってきた。二人とも、戦後の十年間、恵まれたエリートであるということをとても意識していたのが特徴だった（お父さんは官僚あがりの代議士で、『母』という戦前のベストセラーの著者）。二人は一種の良心の呵責を感じていた。一般の庶民の苦労を分かち合えないなら、一般の庶民の文化を評価し、それを偉大な思想家の思想を分析するのと同じ態度で討究する姿勢を保ってきた。

いつだったか、夜、成城へ帰るとき、和子さんと同じ電車に乗ったとき、彼女は一日、どこかの工場の女工の「生活をつづる会」（社会的・階級的意識を高めるために、自分の経験をテーマとする作文を書くサークル）の指導に当たって、ヘトヘトになっていた。感心した。

姉弟が発起人となって、一カ月に一回、土曜日に集まる研究会を作り、「思想の科学」と名づけた。

『思想の科学』

イギリスに帰って、『思想の科学』を紹介する雑誌論文を私が書いたが、そのとき「本会の趣旨」というような文章から、このくだりを引用した。(2)

「我々は一般人の哲学の研究を試みたのは、一種の自己改造のつもりであった。一般人の日常の思想との折衝において、我々自身を刷新しようとしている。」

『思想の科学』の会合は、庶民文化の分析ばかりでなく、戦時中日本に入らなかった、英米ヨーロッパの哲学者の業績の普及にも努めた。会合は毎月のある土曜日で、かすかに覚えているのは、暴れん坊の画家・岡本太郎のペーパーだった。

『思想の科学』の創刊号での宣言は、「哲学では、論理経験主義に徹し、社会科学において、経験的、科学的接近の開発に努め、学問の過度な特化に抗して、なるべく人生の問題に対する総合的な視野を培う」。

以上を引用した私の論文で、そのグループが出版した本と雑誌論文を三四点もリストアップした。中でも、非常に面白かったのは「XYの哲学」が幾点かあったことである。芸者の哲学、医者、映画人、新聞人、看護婦、巡査、消防士の哲学など。それから同じ方法で「この代議士をみよ」(これは丸山眞男と南博による)。

若々しい『思想の科学』の連中のなかで、特に親しい友人は市井三郎だった。いわゆる情熱家。どのアイデアにも、運動にも、いったんコミットすれば一生懸命であった。「神風」の操縦士で、幸いにして飛行機が足りなくて生き残った人で、見事な客観性を以って当時の自分の心境をザックバランに語ることを好んだ。ロンドンに留学した時によく付き合った。彼はカール・ポパー(Karl Popper)のところで経験主義哲学の土台である帰納的推定論について論文を書いていたのだが、その論文の話をしたとき、相手も巻き込む情熱で語った。六十九歳で亡くなった。実に惜しい友人だった。

東大の学生たちとのつきあいなど

前にも述べたように、私の博士論文のテーマは江戸時代の教育だった。留学奨学金は、日本にある豊富な資料をつかって、着々と博士号を獲得し、立派な大学講師になるためだった。ところが、イギリスの辺鄙な地方で育った若者の私にとって、日本の社会はあまりにも魅力的な異邦人社会であった。その社会に生まれた者と同等に付き合うこと、その社会の常識、その価値基準、その道徳的規制を理解するのに精一杯であった。またこれは大変面白い挑戦だった。人間として、同時に社会学者として、それほど面白い挑戦だったのに、図書館に閉じこもって歴史資料を読むのはもったいないような気がした。

二、三の藩校を訪ね、教育学部の講座を二つくらいは聞いたのだが、実質的には論文の勉強をやめてしまい、社会学の研究室の同僚と一緒に農村調査に出かけたり、新聞を丹念に読んだり、政治演説を聴いたり、労働組合の大会を傍聴したり、珍しいお祭りを探したり、できるだけいろいろな人々と話したりしていた。

上野の池之端花園町（後に動物園の水族館ができたところ）に下宿していたのだが、下宿のおばさんが活発な、社交性の高い女性で、彼女を通じて、私は隣近所のひとたちとも、かなり付き合うようになった。電話の少ない時期だったので、隣の酒屋の電話を借りていた。名刺にも、「何々番（呼び出し）」と書いていた（特に多くの酒を買った覚えはないから、相対的に裕福な家庭が、当然のこととして向う三軒両隣へ与える再分配サービスとされていたのだろう）。

一九五一年の春、この町内の日常生活について、組織的な調査をしようという野心を起こした。どういうわけか、私の留学のスカラシップはイギリスの大蔵省から出ていた。監督の官僚は物分りのいい、親切な人で、調査費を出してくれないかと頼んだら、快く五百ポンドをくれた。ロンドンに帰って、決算する時になって、七百ポンド近くの伝票を見せたら、「まあ、国家の予算と最終的決算がそのくらい離れていたら、行政しやすくなります」と言って実費を払ってくれた。

円にして、五十万四千円。当時、東大学生のアルバイトの相場は、一日二百円。六、七人のチームを動員して、町内の三百世帯を網羅して、収入・支出、家族関係、宗教・信心、労働生活、余暇などそれぞれ質問表を作って、アルバイト学生にインタビューしてもらった。私よりたった五歳くらい若い人たちで、いい友達になった。ひとりが新日鉄の幹部になって、イタリアのうちにも遊びに来たり、彼が亡くなるまで付き合っていた。

学生の中で一番面白かったのは、後に名古屋大学の社会学教授になった。反抗心が強いというか、私の調査は英帝国主義の延長線上にある一種の搾取じゃないかと時々思っていたらしい。でも、インタビューをよくやってくれたし、議論はよくしても、喧嘩はしなかった。その後あまり会わなかったが、六〇年代、彼が「ライシャワー攻勢」を弾劾する少し過激な論文を書いた時、手紙のやり取りをした。

今思えば、なんと私は恵まれていたことか。まず、占領軍の国のアメリカ人でなく、イギリス人であったことで大いに得をした。そして、白人で日本語を流暢に話せる人が当時珍しくて、随分チヤホヤされた。秋田県の村で東大の調査団と一緒に泊まって、農家のおじさんと一日山へ一緒に炭焼きに行ったとき、それが『秋田魁《さきがけ》』紙の記事になった。「青い目の炭焼きさん」という見出しで。釜の中へ「ボク」をちゃんと立てて整理するように投げ入れる技術がいかにすばらしいかを、私が感心して記者に語ったらしい。目は青くないのに。

朝日新聞主催の「三千円の二泊三日の関西旅行」に参加した時（いすの上に畳を敷いた夜汽車で、小唄がうまい八百屋のおばさんと畳を分かちあって）、その旅行記を面白おかしく書いたら、『中央公論』が「青い目の伊勢参り」という題で載せてくれた（私は最初の原稿料をもらった）。

つまりチヤホヤされて、エゴ膨張病に陥りやすかった（実は、イギリスに帰ってから何も資格も取り得もない普通の青年になったら、しばらく鬱病になった）。もっとも、失恋もその一つの原因だった。恋人は五〇年の夏の津田での友徒会のセミナーで会った人だった。極端に惚れていた。いわゆる良家のお嬢さん。結婚してイギリスにつれて帰りたかった。しかし、あまりにも良家で、イギリスの労働階級出身、鉄道機関士の息子である私を、婿に迎えることは全く問題外。親が彼女をすばやくアメリカの大学に送って、私を「工業倶楽部」のお茶に呼んだ。親父が、自分が若いときベルリンでドイツ人に惚れたが、雑婚はいいことがないことを悟って断念した、というお伽噺《ときばなし》をしてくれた。

社会学者として

こうして一九五〇〜五一年、一年半、周りの日本の社会に好奇心をフルに発揮して、いろんな友達を作ったり（あまり馬が合わない知己も相当できたり）、日本語の表現力を少しずつ改良したり、大変楽しく遊んでいた。

その間、なるべく丹念に自分の気が付いたこと——イギリスを基準とすれば、日本人の行動が不思議に見えたり、異様な価値基準を現したり、常識として考えていることを、日記のようなノートに記録していた。イギリスで、それと、およびインタビュー調査の結果をまとめて本にするのに四年かかった。ノートをまとめるばかりではなく、主として前から予備知識として勉強していたはずのいろんな本を、その四年間のあいだに読んだ。そして、いわゆる「自分の理論」を形成するように努めた。

一九五一年に日本を去ったときの総括的評価はどうだったか、今となっては知る方法がないが、四年間、いろいろ反省したり本を読んだりしてから、一九五五年に草案を完成したときにどのような総括的評価をしていたかは、一九五八年に出版されたその本で記録されている（*City Life in Japan: Life in a Tokyo ward*, University of California Press）。書き終えてから出版まで三年もかかったのは、欲張ってあまりに大きな本にしたからだった。カール・マンハイム（Karl Mannheim）が創立したキーガン・ポール出版の社会学文庫（The International Library of Sociology and Social Reconstruction）の当時の編集者、ノッチングハム大学のスプロット教授が熱心に推薦してくれたのだが、出版社は、長すぎるし、日本に対する興味を持っている読者がそんなに多くないだろうし、ペイしないと言った。ヴァンクーヴァーで教鞭をとっている間、カリフォルニア大学出版と連絡して、ついにキーガン・ポールとの共同出版ということになった。

さて、日本社会の位置づけは？

本の内容は、「日本人の国民性」と題することもできるのだが、その本の最後の二、三ページの冒頭に、私が最も穿ったと思った意見として、飯塚浩二という地理学者を引用した。

「『民主化』が「方々で」叫ばれながら……『自由主義』あるいは『個人主義』の叫び声をほとんど聞くことがない。論者はあるいはそこに、資本主義的秩序を超越するものとしての社会主義的秩序に期待をかけようとする人心の反映をみようとするかもしれない。しからばなおさらのこと、各人の民主的な主体性を前提とする個人主義・自由主義の洗礼をうけることを忌避し、或は敬遠しておきながら――すなわち意識の面における自己革新の過程を素通りしたまま――身柄を社会主義的秩序のうちに預けようとするかにみえる。その他力本願的魂胆が問題とされなければならぬのではないであろうか。」

「[その]意識の面の、[つまり]各人の自覚した努力によってのみ可能な変革の過程だけが、いかにも日本人らしく、省略されようとしているかに見受けられる。」

当時、今ごろだったら右翼が「自虐国民史観」とみなす、「日本人らしく……云々」のような文章を書く人に多く会ったし、普通の会話の時に「日本人は駄目ですね」のようなセリフをよく聞いた。自虐の面はちょっと不愉快でも、一九五五年の総括評価として、どうしても自分の国イギリスとの比較においてしか判断できなかった私は、やはり、「個の確立」が日本に健全な民主主義が根づくかどうかの問題の、中核的な要素だと考えていた。飯塚を引用したのもそのためだったに違いない。

どうしても、その私の総括的評価は、自分の国イギリスとの比較において形成されていた。日本社会の温かさ、思いやりや、米国製憲法のいう「幸福の追求」よりも義理の規制を意識する面などは非常に評価していながら、同時に、打たれる釘になるまい、波を荒立てるまい、自分の本音を抑えて自制しろ、山梨の百姓の友人の言葉でいうと「角を立てないでケツを曲げろ」といった、大多数の日本人の習性に対してやはり批判的だった。やはり丸山眞男や川島武宜などの「個の確立」についての説教は、私は同感だったのだが、果たしてそのような意識改革が行なわれるかどうかに対して懐疑的であった。

特に、私が大いに影響を受けたのは、リースマン（David Riesman）の『孤独な群衆（*The Lonely Crowd*）』およびホワイト（William H. Whyte）の『人間と組織（*Man and Organization*）』という二つの優れた米国社会の分析だった。リースマンの発展段階論の主要な軸は、宗教革命のときのプロテスタントの「自主的人間」は、昔は自由職業人、自営業者、中小企業経営者だったような人だったが、最近になって大企業や国家官僚の組織に編入されるにしたがって、ますますそれが意識の面にも、いわゆる「民情」の変革を起こして、自主的な人間というより、大組織で浮かび上がるような八方美人“Other directed men”が、だんだんと「平均的アメリカ人」となりつつある――という説だった。

日本人もやがて、これからの大組織化社会に入ろうとしていた。英米にあった、宗教革命から三世紀の間に葛藤の挙句作り上げた民主主義体制が、日本では、公家・武家・武士・商人と、地主・小作人との葛藤の挙句ではなく、占領軍の恩恵で民主主義制度を作ってもらった。

その日本も、いよいよ大組織化社会に辿り着いたらどうなるだろう。地主の顔色を見たり、代官の顔色を見たり、お上の顔色を見たりすれば、人がおだやかな生活ができる封建時代から、間もなく課長、部長、社長の顔色を見ていなければ生存できないような社会になるのではないか。そういう社会で果たして合理的な民主主義的な政治ができるだろうか――という設問が私にはあった。そのような環境では、個人主義者が説く「個の確立」は望めないのではないだろうかという気がした。

今から考えれば、私のそのときの、そうなってゆく「過程」の分析が正しかったかどうかは別として、「結果」はまさに「個の確立」とは逆方向に動いた。先に引用した池田信夫の「論壇への追悼文」が語るように、「財・官・政・メ（メディア）」の一元的コンセンサスが、一九五〇年代に比べると今日ははるかに硬くなった。孫崎享、中野剛志、佐藤優のような「許された異端者」がいても、政策には影響がないし、普通の人なら、出る杭が昔から方々で叩かれる。

以上、私が最も理想として挙げた「合理的・民主主義的な政治」は、個人によって解釈がいろいろありうる。先進国の中での比較もしなければならない。一九三〇年代日本の勇ましさを再現しようとしている安倍晋三氏のそれこそ「反動」内閣として生まれたとしても、日本の政治体制は、共和党が極右化しているアメリカをみても、ポピュリストがEUから脱退しようとしている我がイギリスをみても、全く支離滅裂になっている私が今住んでいるイタリアの政界をみても、まだましだろう。正当性があって機能しているといえるかもしれない。少なくとも摩擦を最低限にとどめるように機能している。


あの一九五八年の本で、私が日本を「評価」して、日本の将来に対しての心配を表明したりしたのは、「外国人のくせに、余計なお世話」と見る人もいるだろう。まあ、そうかもしれない。

しかし、私の「評価」は、マイナスの面ばかりを強調していたのではない。五一年に帰ってから、ロンドンの王立国際問題研究所の研究会によく参加したのだが、戦前日本に住んだ経験のあるビジネスマンの多くが「日本の民主主義はにせものだ、また再軍備をして、侵略戦争を始めるだろう」という懐疑的な意見を持っていた。彼らに反駁する必要があったことは、私があの本を出した時の問題意識の形成に大いに影響していた。そして、日本の民主主義は封建的社会へのルーツを欠いている、ただ占領軍の恩恵・押し付けによるだけだ、という多くの西洋人の常識に対して、私は大正時代から、普選運動、小作人運動、労働運動、言論の自由を求める運動などが相当勇敢に闘われていた経歴がある、ということを指摘していた。

（1）池田信夫、二〇一二年一月二十三日。http://ikedanobuo.livedoor.biz/archives/51769719.html

（2）R. P. Dore, "The Tokyo Institute for the Science of Thought", *The Far Eastern Quarterly*, vol.13, no.1, November 1953, pp.23-36.

第二部

占領「終焉」から安保闘争まで

1952-60

第三章　自信をとり戻す日本

一九六〇年の安保闘争は戦後最大の歴史の転換点といえると思う。一九五一年に調印されたサンフランシスコ条約で一応保守・革新の勢力形成がハッキリし、さらに「五五年体制」の確立で制度化され、活発な政策論争・世界観対立が続いた時代だった。そして、漸次なる保守勝ち・革新負けという安保後の傾向がまだ予想できなかった時代であった。

一九五五年体制の成立

いわゆる五五年体制は、それまで支離滅裂に乱立する政党を一応整理するのに成功した。保守諸党が自民党ひとつに統合され、総評のバックをもらっていた社会党が、民社党より決定的に優勢になった。二〇〇六年にアメリカの外交文書の発表によって、初めて証拠が出たが、民社党がＣＩＡから毎年七万五千ドルの補助金をもらっていて、社会党のほうが人気があったのは、民社はそういう「汚い政治家」の政党ではないかとの疑惑にもよった。

しかし、結果から言うと、ＣＩＡの投資は大変利回りが大きかった。民社党およびその労働組合の支持団体、同盟が、日経連および経団連の隠れた支援も得て、少しずつ総評および社会党の勢力を切り崩すのに成功するのは、本書第四部で分析することになるが、五〇年代には、そのような将来を予言させる兆候はあまりなかった。

三つの政策軸

五〇年代を通じての大きな政策軸は、三つあったといえる。

1　憲法などについて、四〇年代の民主主義体制からのいわゆる「逆コース」でどこまで後退するか。

2　米国、いわゆる「西側」の対ソ勢力にどれだけ日本が統合されていくべきか。

3　米国との関係とは別に、中国その他のアジアの新興国が、再び軍国主義国家になるのではないかと、依然として日本を恐れていたことを承知の上で、日本はどこまで独自に再軍備を進めるべきか。

いずれも、保守・革新の激しい対立を通じて、保守の圧倒的多数によって押し通された政策路線で、その激しさはたびたび大きなデモ、および国会での乱闘をまねいた。その対立・社会不安がたけなわに至ったのが、例の安保闘争であった。

政策軸① 逆コース

「逆コース」という言葉は一九五一年、『読売新聞』の特集で最初に使われたそうだが、その現象はもうすでに占領時代の末期から始まっていた。

公職追放令は、戦争責任者に適用されるのではなく、いわゆるレッド・パージで左翼寄りの大学教授を馘にしたり、共産党の幹部なども公職追放されて地下にもぐらざるを得なくした。それは一九五〇年だった。

続いて、一九四六年に追放された、絞首刑を免れたA級戦犯容疑者が追放解除され、政界の有力者となった人が多かった。その一人である岸信介（現安倍総理の祖父）が一九五七年に総理大臣になった時が、逆コースの頂点と言える。岸氏は破壊活動防止法など、五年前からの一連の警察権の強化・中央集権化の設定の最後の法律として、警察官職務執行法を一九五八年に通そうとした。だが、それはあまりにも警察国家のイメージをまざまざと投射するもので、メディアがデモ隊に加担して、法案を引き下げざるを得なくした。

警察権のほかに逆コース推進者が特に熱心に目指したのは、戦後行なわれた義務教育の改革の全面的な覆しを通じた、戦前のような、文部省による中央集権的コントロールの復活であった。最初にその矛先にあがったのは、選挙で選ばれる地方政府の義務教育管理の教育委員会だった。地方分権の伝統が強いアメリカの制度の直接輸入だったが、Wikipediaがその選挙制度廃止のいきさつをこう語っている。

「地方自治体の長から独立した公選制・合議制の行政委員会で、予算・条例の原案送付権、小中学校の教職員の人事権を持ち合わせていた。

しかし、「教育委員選挙の低投票率、首長のライバルの教育委員への立候補・当選、教職員組合を動員した選挙活動」（文部科学省、二〇〇四年）などにより、教育委員会は発足直後から廃止が主張される。

一九五六（昭和三十一）年には、教育委員会に党派的対立が持ち込まれる弊害を解消するため、公選制の廃止と任命制の導入が行なわれ、教育長の任命承認制度の導入、一般行政との調和を図るため、教育委員会による予算案・条例案の送付権の廃止を盛り込んだ地方教育行政法が成立した。」

いかにも、制度の弊害を取り除く合理的な改革のように解釈されているが、決してそんな簡単なことではなかった。日教組と文部省との、四十年も続いた、容赦なく戦われた戦争の第一幕だったのだ。戦後から小中高の学校の先生の圧倒的多数を組織した日教組の、連続的敗北の最初でもあった。疲れ果てて、メンバーをどんどん失って、いよいよ一九九五年に組合が敗北を認めてお手上げした。

その基本にあったのは、イデオロギーの対立、今で言う「歴史認識」の対立であった。井上清や家永三郎に代表される歴史家の明治以来の日本史観は、今で言う「自虐史観」と烙印されるのは極端にしても、やはり、東京裁判をある程度まで正当化する、日本が恥じるべき侵略的帝国主義の歴史である、という基本的な姿勢だった。子供に愛国心を養育しようとするような歴史教育ではなかった。一方は、歴史教育の目的は、政治・権力体制を常に批判的な目で見る習性を植えつけることだとする、組合の指導者や日教組支援の学者グループ。他方は、歴史教育は子供に愛国心、「お上」の仁政をありがたく思う精神を育てるのが使命だと、日教組を目の敵とした自民党、およびその「文部族」の間のゲリラ戦が延々と続いた。

自民党の方が、攻撃力が圧倒的に上だった。教育委員会戦のすぐ後で、過激な教員を馘にする権限を地方の教育長に与える、教員の「勤務評定制度」の導入が一つの重要な武器だった。もう一つの武器は、日教組に法人格を与えることを阻止して、組織上の不便を最大化すること だった。そして、教科書検定制度を、文部省に中央集権的権限を与えるように改定をして、文部省がじりじりと歴史教育のトーンを変えるのに成功した（特に大騒ぎを起こしたのは、「大陸への侵略」を削って「大陸への進出」――あたかも、ソニーの「米国への進出」に則って――にした時だった）。

しかし何といっても、民主主義国の与党として恥じるべきだとメディアも批判したのは、右翼チンピラの動員という武器であった。日教組の毎年の大会には、全国の右翼団体が、蜂のようにたかって来て、嫌がらせの程度を超えた、暴力沙汰まで起こすのが慣例となった。

政策軸②　米主導の反共軍事勢力への統合

本書第一章で説明したように、五〇年代の前半には保守系の政党も、決してアメリカが圧力をかけて日本を指導しようとしていた方向に従順に行こうとはしなかった。しまいにはダレスが横槍を入れて止めさせたソ連との平和条約交渉もその一例だったし、池田―ロバートソン会談で、米国が要求した軍事費の大幅引き上げを日本が断ったのもそうである(1)。

孫崎享の『戦後史の正体』の主軸である、「自主派　対　米国追随派」の対立が鮮明になったのは、もともと強い反共精神をはっきり示した岸信介が総理大臣となった時であった。対立が避けて通れない問題となったのは、一九五一年の安保条約の十年の有効期間が切れて、延期するか、廃止するか、修正するか、厳しい選択をしなければならなくなった時であった。廃止を求めるのは、少数の革新派で、政府は米国に依然として多くの基地で占領されていて、反ソ体系に不可逆的に組み入れられている以上、修正・更新の線を取らざるを得なかった。

岸率いる全権交渉団がワシントンで妥協した条約は、次のいくつかの点で、元の条約より日本に有利であったとも言える。

1　日本国内の暴動鎮圧に米国軍が出動する可能性を削除した。

2　在日米軍の配置・装備に関する両国政府の事前協議制度を設置した。

3　在日米軍人の犯罪に対する裁判権を米国が日本に譲る条件がある程度緩和されたのだが、密約でそれも限定されていた。

しかし、日本にとって有利な改定であるという論法は、もともと安保条約自体が日本の主権の侵害で、日本の国益と関係のない戦争に日本を巻き込む危険性をはらんでいるから、全面的に破棄すべきであると主張する社会党、共産党にとって説得力はもちろんなかった。

一月の調印から、強行採決で批准されるまでの春・夏は、社会党・共産党のほかに、学生団体である全学連が動員した、未曾有の大型デモが続いた。採決を拒否して特別委員会に座り込んだ社会党議員を担ぎ出すのにも、デモ妨害活動にも、右翼暴力団体は大いに活躍していた。一人の女子学生が踏み殺されて、初めて興奮が冷め始めた。

最後の一幕では、日米親善を象徴して日本を訪問するはずだったアイゼンハワー大統領を迎える羽田近辺で予定された反米デモの勢力に太刀打ちできない、と判断した政府が訪問計画をキャンセルして、その面目なさで、内閣総辞職となった。

政策軸③　再軍備

前項と区別することは難しいが、アメリカが指示するように軍事費を増やすべきだ、と主張する反共精神の強い一派のほかに、旧日本軍の幹部の人たちを中心とする、戦前の大国日本へのノスタルジア、憲法九条で日本を去勢したアメリカへの反感、を動機とする再軍備論者もかなりあった。

国会・メディアでの討論には、もちろん両方の目標・動機を区別しにくい論争が展開されたのだが、アジア諸国にとって、「日本の再軍備」と言えば主として後者――大国日本の復活――と解釈されていた。特に中国は（米国を追い越す可能性が見えてきたほど台頭する前の中国は）、むしろ日本を規制する日米安保条約をありがたいものとしていた。

経済成長の離陸

ドッジ・ラインによる引き締め、デフレ（インフレ停止）の後の朝鮮戦争による「特需」の経済刺激で、景気が五〇年代初頭に好転したが、停戦・特需激減で、しばらく相対的に停滞していた。それでも、五～六%の成長率を維持していた。

「もはや戦後ではない」と、通産省が「経済白書」の題をつけたのは、一九五五年の夏だった。実は、前章で話した中野好夫さんが、その一年前に同じ題の論文を書いていた。しかし一九五五年の夏・秋は、別な意味で、日本経済にとって画期的な時期だった。農村に住んでいた私は、周りがわくわくしていた雰囲気をよく覚えている。珍しい豊作だったのだ。朝鮮戦争の特需ブームの後、停滞気味だった日本経済が、その豊作で生き生きする方向に転じた。その年のGNP統計によれば、その年、総生産への農業の貢献度が一五・四%だった（現在は一%）。おかげで東京の無担保コール金融市場においては、普通の市銀より農林中金（農林中央金庫）がオーバーナイト利子率を支配していた。

それをきっかけに、工業・商業部門の成長率がすこし上がった。

しかし、国民所得の六〜八%の成長率でも、大半の経済学者の予測はかなり悲観的であった。特に農村の人口問題が相当深刻に見えた。都市の工業・商業部門の求人状態は前よりよくなったにしても、農村であぶれている次三男を吸収するくらいの求人状態ではなかった。安保闘争を激しくしたいろいろな要因のなかにも、経済的閉塞感がかなり蔓延していたことがひとつあった。

それでも、実際の経済成長の「離陸」は、岸がまだ総理だった一九五九年に、成長率が初めて二桁になった時だったのだ。

（1）宮沢喜一のその会談の記録が英訳されて、下記で読める。*Secret Talks between Tokyo and Washington: The Memoirs of Miyazawa Kiichi, 1949-1954.* translated and annoteted by Robert D. Eldridge.
http://books.google.it/books?id=YYl152FJwLwC&pg=PA79&lpg=PA79&dq=Ikeda-robertson+talks&source=bl&ots=74pGCd6BOQ&sig=Tfn_T2wmN-ZhCuAC2ExSpn0WaGM&hl=it&sa=X&ei=6il6UcHzCuuRiQfiw4GICA&sqi=2&ved=0CDkQ6AEwAQ#v=onepage&q=Ikeda-robertson%20talks&f=false

第四章　日本の農村的ルーツを知り始めた時代

再度の日本、最初の農村入り

一九五一年に私は日本を去った。ロンドンで講師として就任する前に、花園町の調査に専念するためぎりぎりまで日本に残り、飛行機で帰ることが許された（香港、カラチ、カイロにおのおの一晩停まる、エンジンの騒音のひどい飛行機で）。

再度日本に出かけたのは、一九五五年であった。第二章で語ったように、イギリスの外交研究機関から研究費をもらって、十八カ月ほどかけて日本の農地改革の「一部始終」を研究する使命であった。今度は、パリ留学から帰国する加藤周一さんと一緒に、ゆっくりマルセーユから貨物船で行くことにした。楽しいバカンスだった。もう一人、パリでしばらく有名な彫刻家に師事して日本に帰るという彫刻家もいた。二人の文化人と一緒に、ポートサイドから足をのばして、カイロの有名な博物館を見学するつもりだったが、まにあう列車の出発まで、旅券確認の仕事を下請けした会社がぐずぐずして、車を雇わざるを得なかった。博物館には、閉館二十分前に着いた。そしてスエズ運河をフル・スピードで航海していたわが貨物船に、やっと、なんとか夜中に乗った。日本の船会社が旅券確認の事務を外注したエジプトの会社は、同時にタクシー会社でもあったらしい。旅券事務が手間取ったのは、不思議ではなかった。

農地改革の調査のため、山形、島根、山梨で、おのおの一カ月半泊まった。最初の農村入りは一九五五年二月、横浜に上陸した翌日だった。ぐずぐずの貨物船がやっと香港に着いたとき、航海計画が変更され、横浜の前に台湾の台北、および韓国の釜山に寄ることになった。日本で予定されていた総選挙が、あと二週間足らずのうちに行なわれる時だった。香港で早い客船に乗り換えて、船から東大アルバイト斡旋所へ電報を送った。「今度の土曜日十二時に、東大前の竜城館という旅館に、政治学の学生で気の利いた人をよこしてください」と。

それが、今でも付き合っている二宮三郎との友情関係のはじまりだった(当時赤坂離宮にあった国会図書館の専門調査員、あとで大学の国際関係論の教授となって、現在はフリー)。

とにかく、おかげで、選挙前の一週間をうまく利用できた。二宮さんはリュックと地図を買いに行ってくれて、次の週、各政党の東京本部を回って、農業政策に関する文章を集めることにした。私は、夜汽車で新潟に向かった。新潟と金沢で、幾人かの候補者の事務所を訪ねたり、田舎のお寺、公民館、小学校などで、選挙演説をタップリ聴いて歩いた。

特に記憶に残っているのは、「吉田おろしに成功したのは俺だ」と大威張りで、「政界のマッチ・ポンプ（自ら火事を起こして煽り、それを自らポンプで消す）」のあだ名で知られた田中彰治、および金沢の辻政信だった。辻はそれこそ派手な「旧軍人一〇〇％」の役を演じていた。一九三七年にソ連等とのノモンハン戦争を企画して失敗し、南進派に転じて、マレーシア作戦で同僚と喧嘩ばかりして悪名を得て、戦後は「大陸浪人」まがいに、蔣介石の幕僚になった人物だった。自分が責任者だったシンガポール虐殺事件の戦犯裁判が終わってから、もう何でも許される日本に再度現れて、故郷から衆議院選挙にすぐ登場した。六〇年代にまた「大陸浪人」に戻って、ヴェトナムあたりで行方不明となった。辻氏のセリフの一例――「何百万人の我が兵隊が、『天皇陛下万歳』と、最後の息で叫んで死んだのだが、天皇なんて考えていなかったよ。頭の中で描いていたイメージは、ふるさとの家のお母さんの顔だった。そして、今、そのお母さんたちを、日本国家がどんなに惨めな恩給をだして、侮辱しているのか‼　けしからんじゃないですか。」

金沢の選挙区では、農地改革の話より、そのような話が大歓迎だった。

経済成長と農業総合研究所

一九五五年の豊作で、ムードが楽観的な方向に変わったことは、前章で語った。それは農村においても、農林省、東京の農政論壇、農政共同体（いまなら「原子力ムラ」にのっとって「農政村」と言うであろう）においてもそうだった。私は、東京の農業総合研究所に部屋をあてがわれて、戸塚町の下宿からスクーターで四谷三丁目を通って通っていた。青山墓地のむかいの、もと公爵か侯爵という公家が明治時代に立てた、たたみ敷きの広い屋敷だった。

当時の所長、東畑精一という農業経済学者が可愛がってくれた。のちに私の本がまとまったとき、あたたかい序文を書いてくれた。東畑さんが日本語で書いて、私が訳したのだが、自分を褒める言葉を訳すクスグッタサを、今でも覚えている。そして「この本はいわば『足で書いた』本だ」にあたる英語を考え出す難しさと。

東畑精一

東畑さんは、弟であり、同じ農業にたずさわる行政官の四郎とともに、三重県の地主の家に生まれた。戦前は東大の助教授として、慣例である二年間の海外留学を、当時は普通だったドイツでなく、アメリカを留学先とした。そのときに、アメリカに亡命してハーバードの教授となったシュンペーターに師事した。

もちろん英語に通じていたが、日本語を話す・書く名人だった東畑さんにとって、ことばを探しつつ英語をしゃべるのはもどかしく、決して愉快ではなかった。晩年、東南アジアとの外交関係を固めるという使命をもって、「移動大使」という役を務めていた時、「横飯（横文字の言語を喋らなければならないランチやディナーのこと）ばかりで消化が悪い」とブツブツ言っていた。

東畑さんには人望があって、いくつかの政府機関の会長に任命された。その当時も今も、霞ヶ関で「名誉会長」として知られている少数の人物がいるのだが（英語でふざけて「The great and the good」という）、彼は当時その一人だった。私が籍を置いていた農業総合研究所の他に、政府税制調査会、農業審議会、米価審議会の会長も長く勤めて、ＩＢＪ（日本興業銀行）の「ソッペイさん」（中山素平）と組んで、政府・民間の資金を動員して作った「アジア経済研究所」（アジ研）の初代所長にもなった。

私の仕事は、東畑さんおよび研究所の副所長、並木正吉（一九六〇年『農村は変わる』という新書で名が売れて、亡くなるまで友だちだった）の指導・手伝いに負うところが多くあった。地方の農政局に紹介してもらったり、使えそうな資料を指摘していただいたり、私の観察・解釈の試験紙として議論したりしてくれた。大いに感謝している。

第二章では、日本の社会を乱暴に保守・革新と分類すれば、私の一九五〇年の滞在の時に接触した社会は圧倒的に革新の社会だった、と書いた。一九五五年の滞在の時には、知り合いの範囲が広くなって、東畑さんのように、政・官・財界の「体制派」の人で、確かに革新でなく保守の系統でも、理性的で、開明的で、「公共の精神」に満ちた人たちとの知り合いが多くなった。

中野の東畑さんのお家にも遊びに行ったりした。いつだったかは、浅草へ「ゲテもの食い」と称して、泥鰌《どじょう》を食べに連れて行ってもくれた。のちに、東畑さんの旧友池田総理の、柳橋での大酒飲みの二次会に連れて行かれたおぼえもある。大いにはしゃいでいた総理大臣にお目見えできて、ナイーヴな青年はたいそう喜んだ。

学者と「公共的知識人」の違い

この十年間、英米では、米国の『ネイション（Nation）』や『ニューヨーク・レビュー・オブ・ブックス（New York Review of Books）』、イギリスの『プロスペクト（Prospect）』など、いわゆる「インテリ月刊誌」で、「公共的知識人（Public intellectuals）」のあり方、役割、批判をめぐる論文を頻繁に見かける。

ちょうど、日本の六〇年代における「進歩的文化人」の「進歩的」を抜きにした存在を指している（実質的には左寄りの人が多いが）。アメリカではケーガン（Richard Kagan）、チョムスキー（Noam Chomsky）、クルーグマン（Paul Krugman）、セン（Amartya Sen）、イギリスでは『ガーディアン（Guardian）』紙のトインビー（Polly Toynbee）、イギリスから米国に移民した、歴史家のファーガソン（Niel Ferguson）やシャルマ（Simon Scharma）。

多くは大学の先生かジャーナリストが出発点で、自分の専門的学問以外にも、いろいろ知識があって、自分の意見を表明することを楽しむ人。ものを書いたり、放送したりするとき、「である」事情の分析ばかりでなく「であるべき」理想について、堂々と自分の判断を述べるに躊躇しない人。多くは大学や新聞に籍を置いたまま活動するのだが、フリーで生計を立てる人もいる。

公共的知識人は、世の中を少し良くしたいという目的を持って、読者に「伝える」ばかりでなく、「諭し」もする。学者は主として好奇心に駆られて、現実を分析して、読者に「実はこうだ」と伝えるだけ。

昔は、公共的知識人の著名さ・偉さを計る指標は、高級メディアの編集者の間でどれだけ引っ張りだこであるかにあった。その要因はいまでも主要なものだろう。ツイッターのフォロワーの数がそれに代替されるかといえば、日本のツイッター・ランキングを見たら、二百万近くのフォロワーを持っているのは、ほとんどポップ・スターばかり。真面目に日本の常識を変えようとする人たちのフォロワーは、その何十分の一である。

さて、何を言おうとしているのか、と読者がいら立っているかもしれない。振り返ってみれば、私は五〇年代には、あくまで学者のつもりでいて、公共的知識人になろうとしていたのではなかった。学者兼公共知識人になったのは、『東京新聞』にコラムを毎月書き始めた一九八九年だった。そして学者を辞めて、挑戦的な公共的知識人になったのは、今世紀に入ってからだ。二〇〇〇年に出した私の『日本型資本主義と市場主義の衝突』の書評を、ドイツの真面目な日本研究専門の学者が、「ドーアは学問的業績が定評なのに、今度の本で主観的な、日本の社会に対する自分の批判をのべる論争的なものを書いているのはもったいない。残念です」と書いた時、「学者」が最も尊敬されるべき職業であるという彼の前提は「なんというううぬぼれであるか」と思ったのを、今でも覚えている。

とにかく、私が五〇年代に出した本は、純粋に「学者」の本だった。もちろん読者が楽しめるようになるべく読みやすく書いたのだが、あくまで、日本社会のあり方に対する好奇心が出発点で、なるべく客観的に正しい描写を目指していた。

「学問的＝科学的」とする人もいるが、そうでもない。科学なら、「XがYの原因だ」という命題が出発点で、実験的・経験的データを集めて、その命題が、捨てられるべきか、正しく「科学的知識」の一部になれるかを決定的に判断できる。こうして「科学の進歩」に貢献できる。

ところが、社会「科学」では、そうではない。命題の正しさをデータで決定的に判断できるケースは少ない。「水」の定義ははっきりしている。私が「水素」と呼ぶものと、あなたが「水素」と呼ぶものはまったく同じであるから。ところが、例えば「団結」という概念を例に取れば、個人的に違う価値判断も多少入らざるを得ず、人によって意味が違う。

だから、自然科学と同様に累積的な「進歩」はありえないのだが、一人ひとりの社会学者、経済学者が、自分が分析の道具として使う概念を少しずつ洗練して、より精密なものにすることはできる。

振り返ってみれば、私は一九五〇年代の二冊の著書で、どういう意味で社会科学者として進歩したか。第一に、第二章で書いたように、『都市の日本人（City Life in Japan）』で、「個人主義」と「集団主義」について大いに考えさせられ、それについての自分の価値判断を、より精密に考えられるようになった。『日本の農地改革（Land Reform in Japan）』でも、周りの学会では「ムラの共同体的規制は封建的なもので、脱皮しなければならない」というのが定説だったが、私は村民同士の「思いやり」「持ちつ持たれつ」の世界観をみて、こう書いた。「日本の学者が頻繁に『封建遺制』として批難する『部落の共同体意識』。果たして、彼らが言うように直すべき悪弊であるかどうか、疑問を持つ」と。

もう一つ、似たような問題で、土居健郎が、親分・子分や先生・弟子の関係を分析した、一九七一年著の『「甘え」の構造』が取り上げた問題がある。私も、土居さんや多くの日本人学者と同様に、上司に甘えるよりも、自力的な個人主義の方が理想的だと思っていたが、下層民が身分社会を快く受け入れる真理を理解しようと努力した。早くからトクヴィルの「アンシャン・レジーム（Ancien Regime）」の分析を読み、二十年前にイタリアに家を買って、イタリアに住むようになってからも、その努力を続けた。

隣の八十歳の、味のひどい葡萄酒をつくるおじいさんの葡萄園が、大変険しい崖に、転んで落ちる可能性を防ぐために下に網を張っていたのを見て知っていたので、「あなたの葡萄園で働くのは難しいのではないか」とある時聞いたら、マリオじいさんが「Mmm, Non è il mio. Io dipende, Però sono stato sempre rispettato.（いや、あの葡萄園は私のではない。私は「名子」です。しかし、見下げられて、失礼な態度を見せられたことは一切ない。）」と答えた。

イタリアは、戦後の農地改革まで、地主（Signori）の家には、刈りわけ小作人——農家および十二〜十三ヘクタールの土地を一括して貸す——以外に、日本の東北で「名子」と称したような、家だけ貸す、土地のない召使のような存在の人を抱えていた。今でも「Il mio contadino（私の百姓）」と言うSignoriもいる。

マリオが言おうとしていたのは、自分は、身分はそういうcontadinoであるが、「軽蔑されたり、見下げられたりしたことはない」——というプライド・自尊心を表していたのである。

異邦人

関連することだが、五〇年代にやはりある政策問題について書いたことがある。一九五八年頃で、日本人口学会の年次学会で、農村次三男の失業問題についての論文を書いた。異邦人であっても、その意識がなく、日本人の同僚と、共通の問題意識を持った立場で書いた。「日本の予測可能な工業・商業の成長率は、あぶれている次三男に就職の機会を十分与えないだろう」という結論だった。すると、五年後の高度成長で人手不足状態になり、次三男ばかりでなく、長男たちも都会へ出て行った。経済的予測が当てにならないという、よい教訓だった。

当時、日本のことについて書いた姿勢の話に戻ると、山梨の農村を材料に、『朝日新聞』が出していた英文の季刊紙に「消防団が魚釣りに出かけた日」という面白おかしく書いたエッセイを出したことがある。ちょうどその時に、きだみのるの『気違い部落周游紀行』という本が流行り、のちに映画にもなったと思う。東京のインテリ文化人が、戦時中に疎開した田舎の話だった。「田舎者」のナイーヴな行動を結構記録していて、読みやすい本ではあったが、多少、動物園で猿の滑稽な動作を語るように、著者と、出てくる人物との共通な人間性の意識がなく、「人を馬鹿にする」トーンに貫かれていて、なんだか不愉快な気がした。

私の「消防団」のエッセイの時には、なるべくそういうトーンを感じないように、ユーモアのある村の人自身がお互いにけなして笑う時にも、少し人間的なあたたかさをこめたトーンで書くように努めた。二十年後、その村の「肖像」を『シノハタ』[1]という題で書いた時、同じことに気をつけた。大ボスになろうとするおじさんを馬鹿にする人たちの話など、もちろん名前を書かないで記録してはいたが、村の人が読むと、すぐ「あんなみっともないことをばらしているのは誰それだろう」となって、村内のいざこざを来たすだろうと思って、和訳を許さなかった。最近、「ばらした」人はほとんど亡くなっているので、和訳を出そうと思って、素晴らしい訳者を見つけたのだが、出版社がみな断ってくる。農村についての本は売れそうもないということだ。やはり、ルーツを忘れた都会人の日本になってしまった。

（1）R. P. Dore, *Shinohata: a Portrait of a Japanese Village*, Pantheon Books, 1978.「消防団が釣りに行く」は、その十六章をなしている。

第三部

安保からオイル・ショックまで

1960-73

第五章　高度成長の時代

高度成長期へ突入

混乱の一九六〇年が、岸信介総理が右翼（ライバル大野伴睦の院外団の男）に刺されて、終止符を打った。

その後継者は、ロバートソンなど、米国の圧力に抵抗する交渉の立役者、池田勇人。その幾年か前、大蔵大臣だったとき、国会で「所得の少ない人は麦を多く買い、所得の多い人は米を多く買うというのは経済法則に沿った現象だ」と答弁したら、次の朝の見出しに「貧乏人は麦を食え」と翻訳されて、戦後史上最大の失言とされ、失脚した経歴のある人であった。それでも野党と真摯に話ができる魅力的な人物だった。社会党の浅沼稲次郎が暗殺された時、池田の国会での追悼演説は歴史に残る名演説とされている。

同時に、「二大政党システム」でない、「一・五大政党システム」だった「五五年体制」が落ち着いて、自民党が野党と相談して、法案をある程度妥協的に修正することが慣例になって、国会で乱闘、殴り合いなどのみっともない事件が随分少なくなった。

「寛容と忍耐」をスローガンとした池田政権は、池田氏が亡くなる一九六五年まで、米国に対しても寛容と忍耐を求めて、米国主導の反共勢力への日本の統合はさほど問題化されず、徐々にしか進まなかった。

そして、日本の独立的自衛のための再軍備論者も、改定安保で、米国が日本を守る義務をより明確にしたため、説得力を多少失った。六〇年代に、総予算がおよそ一二%の成長率で増えていた時、防衛予算は九%だけで増えていた[1]（いずれも名目）。結果として、経済成長の中で、インフラへの投資・社会福祉への支出などをそれだけ増やす余裕があった。

なんと言っても、池田内閣の優れた業績は、世界で「経済的奇跡」と知られるようになった、日本の経済成長だった。

所得倍増計画

岸内閣のとき、高度成長の機運に点火がされたが、それをホンモノの焚き火にしたのは、安保闘争が収まってできた池田内閣の「国民所得倍増計画」だった。一九七〇年までに日本の総生産を一三兆円から二六兆円に上げる段取りを指示した計画だった。

実質的な内容は、例えば、岸内閣の時の経済計画とそう変わったものではなかった。農業の近代化、中小企業の刷新、外貨を稼ぐ輸出産業の優先など。違っていたのは、「倍増」という魅力的なＰＲ効果。池田氏自身の人物像も手伝って、楽観的ムードをかもし出し、起業精神・投資意欲を促し、ケインズがいう「アニマル・スピリッツ（動物的活気）」を開放する効果が思ったより大きかったのだ。

結局、所得の倍増という目標を達成するのに、十年でなく、七年しかかからなかった。

先進国入り

奇跡的な経済発展をやり遂げている国として、世界中でトランジスタ・ラジオを売る国として、日本の国際社会における格が上がった。

特に重要だったのは、一九六四年のオリンピックを見事に演ずることに成功して、その準備の一環として東京に複雑な高速道路網を作ったことだった。道路ばかりでなく、世界一の技術を発揮して、東京・大阪間の新幹線も完成した。その驚くべき建設欲の度合いは、セメントの生産量がその指標となる。一九六〇年は一九〇〇万トンだったのが、十年後、五〇〇三万トンとなっていた。

同時に同じ頃、OECDに加盟して、IMFの「八条国」（国際収支の操作のために、円為替を統制する権限を放棄する国）となって、それまで自他共に「後進国」と自負していた日本が、堂々と「先進国」となった。

社会連帯意識

先進国といっても、最初はアメリカ型先進国というより、ヨーロッパ型先進国だった。平等主義的社会連帯意識がまだ強い国だった。農村における日本社会のルーツをかなり意識していた社会だった。

多くの官僚や政治家が（第四章で書いた東畑精一のように）、農村で育ち、村の小学校で優等生として認められた経歴のある人が多かった。また、戦前・戦中の「革新官僚」の、ナショナリズムに基づく平等主義（「部落民も天皇の赤子《セキシ》である」）が、まだ霞ヶ関界隈ではかなり残っていた。一九五七年に岸内閣が社会保障の予算をかなり増やしたのが、その一例である。

格差是正の焦点は移り変わった。農地改革が成功とされた時以後の数年は、家計調査の統計発表では、平均的「農家」と「都市労働者家庭」の落差がすぐ分かるような統計が作られ、公表された。それが注目され、あまりギャップが開かないようにするのが、米を作る家庭からの買い上げ価格、および他の国民が米を買う価格とのバランスを決定する「米価審議会」の主要な関心だった。

六〇年代の高度成長期になると、「格差是正」については、主として大企業対中小企業の「二重構造」が論争の中心となった。非明示的な政策目標は、企業福祉を強化しながら、ゆくゆくは国民全員を大企業部門に吸収することだった。社会保障制度の歴史の専門家(2)の言葉を借りると、

「七〇年の対GDP比では日本の社会保障移転は四・七%だったのに対し、西ドイツは一二・二%でした。『福祉国家』としての北・西欧、『軍事国家』としてのアメリカに対して、日本は『企業国家』と特徴づけられました。」

日英の工場組織・雇用制度の研究の時に、私は両国の社会保障支出の比較を**表2**の統計で要

表2　社会保障支出の日英比較（単位：%）

	英国　1964年	日本　1967年
雇用者1人当たりの収入	100（£937）	100（£748）
（そのうち）可処分所得プラス支払った租税から、社会福祉支出の使途にあたえる部分を差し引いた額	76.4	78.4
（そのうち）中央・地方政府による物的・金銭的サービスおよび社会保険の給付	18.7	9.6
（そのうち）労働に対する報酬以外の企業からの給付	4.9	11.9

約した。[3] やはり、以上の判断に沿った結果だった。現在、非正規雇用はもう三七%くらいになっており、「オール大企業部門」の夢など非現実的だ、と思われていなかった時代は想像しにくい。

教育における平等主義

「格差是正」にしても、「機会均等」にしても、明治初年の「四民平等」令で生まれた日本の平等主義が満潮になったのは六〇年代といえよう。その一つの指標は、東京都の教育長、小尾《おび》乕雄《とらお》の高校入試改革だった。「あらゆる教育評論家、教育学者などから戦犯と名指しされる評価が定着している」（Wikipedia）小尾氏の罪は、林望というエッセイストに「無念の思い」を込めて説明させれば、「強引に実施された『学校群制度』が、多くの都立高校が持っていた『自由と文化』を破壊してしまったこと」だった。おまけに、「当時の大新聞の一論説委員の思い付きが、もとより単なる精神主義的行政官に過ぎなかった小尾氏を刺激して、たった三カ月ばかりの形式的審議の後、その翌年三月から実施に移された」[4]。

「一論説委員」とは深代惇郎《ふかしろじゅんろう》氏、教育問題専門で、フォール、ライシャワーや私の『日本の教育政策』(OECD教育調査団編著)を訳して出版した知識人だった。我々の調査団のその報告で、高校入学のための受験勉強で中学校教育が大いにゆがめられていた問題を取り上げて、抽選入学の案も検討していた。深代さんと小尾さんとの関係については、全然知らなかった。

小尾改革の趣旨は何だったかといえば、以下のような論法だった。一九六五年にすでに、新しい世代の中学校卒業生の七〇%が高校へ進学し、残りの三〇%が、中学教育だけで就職を探す。六〇年代の半ば頃となると、すでに出来上がっていた、東大を頂点とする大学のランキングが高校、中学へと浸透していた。エリート・コースは番町小学校↓麹町中学校↓日比谷高校↓東京大学という、誰でもが認める最高のコースを基準に、他の高校は、卒業生の東大への進学率によってランキングが決まり、都内の中学もランキングの高い高校への進学率でランキングが決まる。

自分の高校、自分の中学の評判をよくしたい先生、校長先生が、そのために、中学校三年生に一般教育、国民全員に必要な教養を与えるより、受験勉強で入試の成績を上げる技術にますます集中する。ゆくゆくは、二年生もその三年生のためのトレーニングとなり、しまいには中学校の三年間の性格が教養取得の場所というより、受験生養成の場所となった。

そしてその変化の一番の犠牲者は、高校へ進学しない、大体、学校の成績がもともとよくないあの三〇%の生徒であった。ランキングされない、日本市民の持つべき一般教養の場としての中学校を復活させようというのが、小尾の学校群制度で、どの高校へ進学するか、半ばくじ引きで決まるように機能する制度を作った。

確かに、林氏の以上の憤りのように、エリート高校の「自由と文化」の雰囲気は貴重なものだった。もっとも、すでに将来が保障されていて、受験勉強なぞそんなにしなくても余裕綽々《しゃくしゃく》と進学できる、恵まれた五%のエリートだったからこそ、その雰囲気がありえたのだ。それを保存するか、他の九五%の一般教育を充実するか、二者択一の大きなジレンマとなる。あらゆる社会が直面するジレンマである。小尾を「日比谷つぶしの悪人」とした人たちは、前者を選ぶ。イギリスでは、パブリック・スクールの特権を縮小する案をもって、いつまでも躊躇して、結局なにもしなかった。イギリスの労働党も同じ選択に直面したが、日本のように、そしてスカンジナヴィア諸国のように平等主義的な選択をとる勇気がなかった。

しかし、小尾さんは、スカンジナヴィア諸国と同様、後者——一般国民の教養水準——を選んだ。

それが日本平等主義の満潮期だったから、引き潮がたいへんな勢いで続いた。中流階級が、公共教育から逃避して、私立高校（すぐにランキング問題を再生した私立高校）を使うようになった。二〇一三年、卒業生の東大入学合格者の多い高校から少ない方へのランキングにおいて、トップ十四校のうち、公共部門はたった三校である——筑波大および学芸大の附属、および浦和の県立高校だった。入学者総数のうち、一七〇人が開成高校から、九八人が筑波附属からで、日比谷都立高校からは二九人。

自分の改革の副作用を予期したなら、小尾は躊躇したであろう。しかし、以上に引用した、小尾を罵る林は、小尾を「精神主義者」と片付ける。むしろ、平等主義者だったのだ。出世効果とは別に、学ぶこと自体が尊いことであると信じる人が「精神主義者」だというなら、林の意図に反して、それは人を褒める言葉に転ずる。

日中関係

六〇年代を通じて、五〇年代の吉田書簡の路線に忠実に、あくまで台湾政府を、安保理事会の常任理事国席に座るべき中国の正当な政府として認め、北京の毛沢東の政府と依然として国交を持たない政策が一貫していた。中国の国連加入を永遠に延期しようとするために、中国加入は「重大事案」として、多数決でなく三分の二票を必要とするという決議案を先に通すのが、米国側の戦術だった。

それに日本の政府がフルに協力した。イギリスも。それについては、次章で語る。

米国の覇権を不満に思う新興国（当時は「第三世界」は通常の用語だった）の数、および国連総会での投票数がだんだんと増えて、いよいよアルバニア提案の決議によって、中国の代表権が台湾政府から北京政府に移されたのは一九七一年。それまでは、そうした動きを妨害しようとしたアメリカの票動員活動を、日本の外務省が一生懸命援助した。池田の後継者、佐藤栄作が特に熱心で、国連総会での敗北を受けて、キッシンジャーが日本の頭越しで秘密外交を発揮して、ニクソン大統領の中国訪問を実現したら、佐藤がいかに狼狽したかは想像にたやすい。

皮肉なことには、日本が仕返しをして、キッシンジャーの頭越しに中国と国交回復をやり遂げた。一九七二年に田中角栄総理が北京を訪問した時、米国国会はまだキッシンジャーの対中政策の進展を妨害していた。キッシンジャーはプンプン、「日本の輩ほど信頼が置けないやつはいない」と言ったという記録を孫崎(5)が引用している。

一九七二年は、親中ムードが驚くほど加熱していたときだったが、一九六〇年代の後半、佐藤内閣が米国の支持する台湾同盟・中国敬遠（嫌遠）の路線を忠実に取っていた時にも、自民党の中にそれに決して同意しなかった親中派もいた。岸の安保改定批准投票で、棄権をした三木武夫、河野一郎、石橋湛山、松村謙三らの反主流グループだったが、中国への接近に活発に動いて、周恩来などと信頼関係を築き上げた指導者は、松村であった。

貿易推進の目的で、日本政府の承認・融資的援助を親中派が受けたのは、池田内閣時代の一九六二年の「日中長期総合貿易に関する覚書」によるものだった。その覚書の交渉にあたった廖承志および高碕達之助の名前の頭文字をとって、通称「ＬＴ貿易」と言われていた。

雰囲気の変わった佐藤内閣になった時も、それを守り続けたのは松村だった。一九六八年、協定が一年ごとに更新するという形になったときも、北京に行って、更新に成功したのは松村だった。それは四年後の国交正常化まで続いた。

日韓基本条約

池田内閣のもう一つの業績は、日韓基本条約の締結だった。一九五一年から、占領軍の仲介の下で始まった交渉は、十何年もの間、李承晩時代には一向に進展しなかったが、朴正熙大統領と池田総理の会談でいよいよまとめる方向に向かった。それも、歴史認識問題や竹島（独島）の帰属問題は「解決せざるをもって、解決したとみなす」という妙な密約のおかげであった。

韓国人の日本政府に対するクレーム（例えば全官僚、軍人の恩給）を一人一人処理するか、韓国政府への二一億ドルの支払いで一括して処理するか、あるいは在日韓国人の権利など難問が多く、決して友好的な交渉経過ではなかったのだが、一九六五年六月に妥協に妥協を重ねていよいよ両方が調印できる条文に至った。しかし、その解釈について同じように同意がなかったということは、すぐ明らかになった。一九一〇年の日韓併合条約は「もはや無効」と書かれたことが、韓国が主張するように「もともと無効だった」という意味か、日本の外務省が主張するように「自主的韓国政府との立派な条約だったが、これから無効になる」という意味なのか、というようなつまらない言い合いが続いた。

黄金時代としての六〇年代

そもそも、経済的にも、政治的にも、文化的にも（黒澤明の映画、翻訳された川端康成・三島由紀夫の小説などが欧米で次々と賞を取ったり）、六〇年代は日本の黄金時代だったといえる。

（1）http://hyokki.blog.so-net.ne.jp/2013-01-14-2
（2）宮本憲一『公共政策のすすめ――現代的公共性とは何か』有斐閣、一九九八年。
（3）計算方法は、以下を参照。R・P・ドーア、町田俊彦「社会保障機能の担い手：国家と企業――日本とイギリスの国際比較」『季刊社会保障研究』第八巻第三号、No. 37、一九七二年十二月、四六―五七頁。
（4）林望、書評、『週刊文春』二〇〇四年四月二十二日。
（5）孫崎享『戦後史の正体 1945-2012』創元社、二〇一二年。

第六章　親日家ドーアの当時の雑想
――日本びいきの時代(その二)――

第二章で、保守・革新という乱暴な区別をすれば、私の一九五〇年代の日本との折衝はあくまで革新の日本との折衝が多かった、と書いた。五〇年代は、第四章で書いたように、東畑さんのような一〇〇%体制派の人でも、私に言わせれば開明派の人たちと知り合いになったといってもよい。

それに加えて、池田、松村、三木などを代表的な存在とする、前章で中国との貿易を推進した、自民党の左寄りの人々との行き来も多くなった。それは三人の恩人のおかげだった。第四章で書いた東畑さんと、大来《おおきた》佐武郎、そして永井道雄の三人である。

大来佐武郎

大来さんは、自民党を刷新しようと、かつては河野洋平と一緒に「新自由クラブ」という政党を一時作った。選挙で落選したが、二年後に大平内閣の外務大臣となった。アメリカからイランに対する制裁を求められたら、ヨーロッパに飛んで、ヨーロッパ諸国とともに、米国の要求への返事を調整した未曾有の独立外交を演じた。

大来さんがいわゆる「官庁エコノミスト」の大物となった経過は面白かった。大連生まれで、東大の電気工学を卒業した。逓信省に入り、戦時中は日本・華北の発電・鉄鋼生産の増進計画に携わっていた。日米の相対的鉄鋼生産量の比較だけを見ても、早くから負け戦だと分かっていて、近衛氏にも戦争終結を急ぐよう進言したり、通信網の維持の仕事で外務省に通い、負け戦だと分かった友人同士と、一九四五年の春から、敗戦後の日本はどうやって経済的に生存できるかについての秘密の研究会に参加した。それが、敗戦から十日で外務省内に誕生した正式な「戦後問題研究会」となった。

以後、有沢広巳、東畑精一、都留重人、大内兵衛などとともに政府の経済政策の主なブレーンの一人で、新しく創立された経済企画庁の調査部課長となった。ブレーンの中で一番国際的で、最初にお会いしたのは、一九五〇年代の前半、ロンドンの国際問題研究所で日本の経済復興についてお話しした時である。「日本は自転車経済だ。相当な速度で前進しなければ倒れてしまう」という巧妙な比喩を使っていたが、そのときからいつも感心したのは、いくつかの国の統計年鑑を暗記したのではないかと思わせるくらい、統計データを駆使する彼の能力だった。

一九五〇年代後半、私がヴァンクーヴァーで教えていた時、「太平洋の貿易」とかいうシンポジウムに来てくださった。まだ皆が貧しく、研究費からホテル代をひねり出しにくかったので、新婚の私が転がりこんで住んでいた妻の窮屈なアパートの客室の、それこそ細いベッドに、文句も言わずに、大きなお体を休ませてぐっすり寝てくれた。

それから、一九九三年、米経済学者フレッド・ベルグステンと電話で話していた時に卒倒して、心不全でたちまち亡くなるまで、私が日本に来るたびに、ユーモアを交えた、最近の日本の政治経済事情の話を聞きに、一番最初に訪ねるのは、内幸町の大来事務所だった。

六〇年代や七〇年代は、バッシングの時代が来ることを想像もできないくらい、官僚、特に経済官僚の最盛期だった。私が愛読する小説家、城山三郎が『官僚たちの夏』で描いた「国家を熱く語り合い、産業振興に邁進する役人」は、少し英雄化しすぎていたかもしれないのだが、派閥/思想的内部争いも含めて、その当時のまじめな雰囲気を正確に描いていた。

「大学時代にこの『城山の本』に魅了されて通産省に入った」津上俊哉が、二〇一一年にTBSが城山のこの小説をドラマ化した際に、面白いコメントをした。「官僚の介入のない、市場経済の方が優れていることが、当時の人はわからなかった」と、今様の新自由主義の正しさを自明の命題として、城山の本が「いまも日本人の郷愁を誘うのがおかしい」と、ブログに書いたのだ。(1) その郷愁が分からない津上氏の方がおかしいのではないかと私は思う。

津上氏が、同じく市場経済の本当のよさが分からない中国について、『中国台頭の終焉』(日本経済新聞出版社)という、日本人の反中感に訴えて五万部をたちまち売った本が書けた心理もおかしい。

とにかく、津上氏は六〇年代の日本、および二〇〇〇年代の日本の知的雰囲気の違いを見事に象徴している。

永井道雄

永井道雄との年齢差から言うと、恩人より兄貴分と言った方が適当かもしれない。教育社会学という同じ畑を耕していたために、永井さんがまだ京都におられた時代から知りあっていたが、よく会ったのは六〇年代だった。ドナルド・キーンが永井さんのアメリカ留学時代からの親友で、どういう経過でそうなったのか、ジャーナリズムでは、彼と私が「日本研究の二羽ガラス」と決めつけられていた。とにかく、よく三人で会っていた。

そして、「日本文化研究会」という文部大臣の諮問委員会を永井さんが作った時、キーンさんも私も委員に任命された。どういう目的で作られたか、今ハッキリとは覚えていない。おそらく、高度成長で日本人が「経済動物《エコノミック・アニマル》」だと外国で規定される傾向が強い時、そうではなくて、高度な知的、美術的、芸術的伝統の国でもあるということをどうやって外国人に理解してもらうか、というのが「諮問」の実質的内容だったと思う。どういうわけか、一つだけ、その審議の内容を今でも覚えている。友人の政治学者の京極純一が、何かを「キンキンキラキラ」な文化と片付けたことである。初めて聞いた用語である。

特に永井さんのお世話になったのは、TBSに紹介されて、夏のセミナー「学歴社会」を作らせてもらったことだった。八月の一番暑い時、少し涼しくなった夜の十時から一時間、一週間、毎日続くシリーズ番組で、前年にイギリスのBBCが作ったガルブレイスの「不確実性の時代」が大成功となり、その第二弾のつもりだった。実に楽しい二、三カ月を過ごさせてもらった。予算がたっぷりあって、日本のいろいろな面白い塾の追跡ばかりではなくて、非常にいい友だちになったディレクターと撮影チームと一緒に、私がその頃教育制度と工場組織を調査していたメキシコ、スリランカ、シカゴ、イギリス、ルーマニアに出かけることができた。

そのすぐ後で永井さんが三木内閣の文部大臣となって、それまで三木さんが相談相手としていた丸山さんの噂でしか知らなかった三木さんと数回会ったり、会食したり、知り合いになった。穏健な、心の温かい、いい人で、政界で生存のために妥協に妥協を重ねる必要は認めても、自分で自分のホンネを忘れることがなかったように思った。

靖国に参拝に行ったが、役所の車でなく自家用車で行ったのが、いつか三木家のランチで話題になって、睦子夫人がこっぴどく主人を批難した。自分の兄が戦死した経験が忘れられない、どんな車で行ったであろうと、靖国参拝なんぞ許せないと、睦子さんが私に説明したのが印象的だった。睦子夫人は、九十五歳で亡くなるまで、「九条の会」の発起人になったり、活躍していた。

三木武夫の人間的なあたたかさにどれだけ人が感服したか、お葬式の時のマンスフィールド大使の悼辞でよく分かった。自民党内部から起こった「三木おろし」の運動に対しては、そのような「人望」はあまり効果的な防衛手段にはならなかったのだが。

明治以降の歴史評価

第二章で説明したように、歴史教育・歴史認識をめぐって、日教組対文部省、左寄りの学者対愛国主義の学者、自民党対社会・共産党の絶えざる対立が続いた。それらの対立の一九六〇年代における進展は、私にとって非常に興味があった。

「左寄りの学者」と言っても、一緒くたにしてはならない。マルクシストのガチガチの用語でもって、戦前の日本帝国主義を弾劾する共産党系・社会党の左派系の人もいれば、ドイツのファシズムと三〇年代の日本の全体主義の比較というテーマの優れた論文を書いた丸山さんとか、高等内務官僚の息子として、その全体主義の進展を細かく分析した石田雄のような学者もいた。

一応、以降は、「マルクシスト」と「左翼リベラル」というように用語を区別して使おう。「左翼リベラル」も、客観的な論文を書くにしても、戦前の日本の歴史は、決して日本人が誇りを持って振り返るものではない、という姿勢は変わらなかった。

しかし、政界・社会において、実戦するのは〈文部省・自民党・右翼〉対〈日教組〉だったから、いくらマルクシストに対して批判的であっても、私も含めて、日教組のほうにより同調していた。一九七〇年頃、『パシフィック・アフェアーズ（Pacific Affairs）』という雑誌に、家永三郎の法廷闘争について、どちらかと言えば家永びいきの小論を書いた。[2] ところが、一九六〇年からそこへ新しい要素が入ってきた。アメリカには、日本に反共的再軍備をするように圧力をかけたアイゼンハワーの政権に取って代わって、ケネディを大統領とする新政権が生まれた。米国の駐日大使として、日本史家であり、日本人を奥さんとする親日のライシャワーさんが来日した。

そこで始まったのは、マルクシストの用語で言えば、「ケネディ＝ライシャワー攻勢」だった。東北大学職員組合の『二十五年史』にこう書いてある。[3]

「空前の安保闘争に教訓を得た支配層は、みせかけの「米ソ平和共存」と池田内閣の「高度経済成長政策」を背景に、新たな思想・文化攻勢・組織分断攻撃をすすめた。この「ケネディ＝ライシャワー路線」と呼ばれた大がかりな「アメとムチの政策」は一定程度功を奏し、安保闘争に萌芽をみた全国民的団結はクサビをうちこまれた。日本の民主、労働運動は一部に労使協調路線が顕在化するなど、複雑で困難な状況を新に迎え、日本の将来にかかる傷痕を残した一つの分岐点ともなった。」

そのような見方をするマルクシストから、左翼リベラルをよりはっきりと切り離して、親米にしなくても、反米の度合いを加減するという戦略的な意図は確かに米国にあっただろう。その当時、日本で、イギリスの『エンカウンター（Encounter）』と似たような、『自由』という雑誌が創刊されたのだが、そのスポンサーは一九五〇年に創設された「文化自由会議（Congress for Cultural Freedom, CCF）」で、ＣＩＡから大量の資金をもらい、ＣＩＡの実効支配下にあるということが一九六七年にばれて、かなりの騒ぎを起こした。

しかし、その効果より重要だったのは、ライシャワーさん自身および、彼の教え子や同僚の四十歳代、五十歳代の米国の日本研究者と、日本の主だった政治経済歴史学者――特に「左翼リベラル」と称したグループの学者――との接触が多くなったことである。多くなるにしたがって、ますます同じような姿勢で、明治以来の歴史への両側の評価が自然に接近してきた。

一つの重要な転換点としては、安保闘争が終わったすぐ後（八月二十八日から九月一日まで）、アメリカの基金からの資金を使って行なわれた「箱根会議」があった。私は、農地改革の本を出した後、博士論文のテーマのつもりで、一九四七年に始めた「江戸時代の教育」の研究に戻り、半年間、京都大学の図書館などで資料を固めるためにちょうど日本に来た時だったから、非日本人・非米人の唯一のメンバーとして、私も招待された。

近代化・西洋化の区別

私は『都市の日本人』で、明治以来の社会変化を理解するのに、「近代化」および「西洋化」の区別に固執した。

「近代化」というのは、「ゲマインシャフト」と「ゲゼルシャフト」という言葉で有名になったテンニース（Ferdinand Tönnies）を基点として、ヴェーバー、パーソンズが、洗練したり（及び不要に複雑化したり）した、社会が分業化、合理化するに従って構造的に変化する過程を分析するための概念である。その本で私が使ったのは、パーソンズの業績によってまとめられた「五つの次元」だった。

1 社会的地位、および所得水準が、世襲的身分より、ますます個人の業績によるものとなる。

2 個別主義的規範から普遍主義的規範への移行。つまり「君への忠、親への孝、夫への従、朋友への信」のような規範の代わりに、「嘘を言うべからず」「社会に奉仕すべし」といったような普遍的道徳の方が重要視されてくる。

3　同時に、社会における個人と個人の関係においては、「総合的」な付き合いより、ますます特別的・機能的付き合いの方が、各個人にとって多くなる。前者の例は、例えば、農村における「向う三軒両隣」の間の「持ちつ、持たれつ」の、多数の「義理」をともなう関係で、後者の例が、医者と患者、生活保護係と貧乏人、タバコ屋と買い手のような関係である。

4　量ばかりでなく、個人どうしの関係の質も変わる。情緒的関係よりも、他人同士の機能的関係が多くなる。

5　「家」であろうと、「ムラ」であろうと、「同窓会」であろうと、「国家」であろうと、社会連帯的な共同体意識より、個人の利益の意識の方が強くなる。

以上の概念は、十七世紀からのヨーロッパ社会の構造的変転、「常識」の変化の分析から生まれた概念で、私が『都市の日本人』において、例えば農家における夫婦関係から東京の労働階級の夫婦関係への移行を説明するのに役立つかどうか、試みたものである。かなり有用な分析道具だと思った。

そのような「近代化」は、「西洋化」と分けて考えた方がいいと私は主張した。例えば、明治政府がドイツの制度を研究して、陸軍の組織、医学の分業、地方政府の行政機構をそれに則って作ったり、イギリスの海軍をモデルにとったりする――それらの文字通りの「西洋化」は必ずしも社会における人間関係を変えるものではないし、生活条件に伴う人間関係の変化は必ずしも新しい「制度」を生まない。もっとも、あの本においても、両方の過程が区別できないくらいからみ合っていることも指摘していた。例えば夫婦関係の変化には、どれだけ家族構成の変化が重要か、中流階級において西洋の恋愛小説、ロマン派の詩が流行ったことが大事か。両方の要因が同じ方向性をもっていたから、総体的比重は計れない。

そして、もう一つのからみあいがあった。社会の経済組織の変化に内在する「近代化の過程」の理論的結果が、まさに丸山さんや川島さんが目標として掲げていた「個の確立」と同様なものであった。

そこで自然と起こってくる課題はこうだった。

1 工業化という経済組織の変化の歴史、だんだんと生まれた民主国家を作る過程は、ヨーロッパでは三百年もかかったのに、日本は民主国家の制度を急に導入したので根が浅く、ヨーロッパで何世紀もかかった意識の変化が、日本で果たしてやり遂げられてきたかどうか、疑問になる。

2 以上の問いかけに潜んでいる前提は、経済構造、および制度のあり方の変化は内在的で、どの社会でも普遍的に起こる現象であって、文化的伝統や、遺伝子に起因する人種的相違などによる、社会と社会の違いがあるはずはない——という前提は果たして本当かどうか？

一六五〇年から一九〇〇年までのイギリス、一九五〇年から一九九〇年までの日本、一九七五年から現在までの中国の経済変化は、工業化の過程として類似点が明らかに多いのだが、現在、その三社会の文化による相違点は少なくなったのか、依然として大きいのか？

「近代日本研究会議」シリーズ

驚いたことには、一九六〇年のあの「箱根会議」の議事録が保存されて、東京の幾つかの図書館で見られる。著者は、のちに東大の歴史学教授になった金井円《まどか》氏。手伝いは、大先生の会合への参加の機会を「恵まれて」、通訳としても務めた二人のアメリカの大学院生——後に名声の高い国連難民高等弁務官として名を遂げ、その後は長く日本の国際協力機構（JICA）理事長を務めた緒方貞子、および九〇年代のドイツ大使を務め、最近外務省を定年退職した有馬龍夫、という二人だった。

議論の基礎的課題を設定したのはホール（John Hall）氏のペーパーで、中心だったのは、「近代化」を九つの歴史的発展傾向の「束」――互いに影響しあう傾向の「束」として定義する試みだった。すなわち、

1 比較的高度な都市化
2 読み書き能力の広い普及
3 比較的高い個人当たりの所得
4 広く行き渡った地理的、社会的移動性
5 経済における相対的に高度な商品化傾向と工業化
6 広く行き渡り、各階層に浸透するマス・メディア網
7 社会の成員が広く近代的社会過程に参加し、かかわりあうこと
8 相対的に高度に組織化された政府の官僚主義的形態があり、それに社会の成員が広くか

かわりあっていること

9　科学的知識の発展を基礎として、個人がその環境に対してますます合理的かつ非宗教的に対応しようとすること

この定義は、「近代化」という概念から、「進歩」という言葉に内在する価値判断的要素――〈進歩＝よい方向に変わること〉を抜きにして、客観的な学術用語にしようとする試みだった。民主主義・自由市場のアメリカも、独裁主義・計画経済のソ連も、同じく「近代化」された社会となる。当時でも、九〇年代より後のネオコンたちと同様、それに反発して、民主主義に導かなければ「進歩」ともいえないし、「近代化」ともいえないという立場をとった人もいた。

今だったら、その「近代化論」の議論・闘争はあまり退屈で、不毛で、だれも読んでいられない議論だと思う。私の「貢献」として覚えているのは、五年間もその議論を聞いて、いよいよいらだって、一九六五年のソウルの高麗大学の会議のために書いたペーパーだった。なぜ近代化論が混沌とするか。ヴェーバーなどが分析したヨーロッパの三百年の〈自動詞・近代化する〉過程の概念と、明治時代の日本の指導者のように「より先進国をモデルとして、自分の国を〈他動詞・近代化させる〉という、まったく違った概念を弁えないところがいけないからで

ある、という論法だった。(4)

日本にマルクシスト対左翼リベラルという「前線」があったら、米国の日本研究者の中で、一九六〇年代に世代間の前線において戦いが激しくなった。一番はっきり現れたのは、ヴェトナム戦争が本格化した一九六八年に形成された「憂国アジア研究者会議（Committee of Concerned Asian Scholars）」である。米国の日本研究者の間の喧嘩は、のちに占領中の日本を描いた有名な本『敗北を抱きしめて』の著者ダワー（John Dower）という優秀な歴史家の、ハーバート・ノーマン（E. Herbert Norman）論文集の序文で(5)、一番よく読み取れる。

「ノーマンさんは歴史家として、長期的潮流と個別的事件の両方の分析に優れていた。その両方の接点を開明するのも彼の得意とするところで、文章もうまいし、著書が何冊かあった。占領中にカナダの大使だった時の二回しか私は会っていないが、人物として話し相手として、西洋文化の知識がいたって豊富な、ユーモアを交えられる話し相手であった。その人となりを見事に捉えた、ノーマンの友人丸山眞男が、ノーマンの死後に書いた追悼文を私は英訳して『パシフィック・アフェアーズ（Pacific Affairs）』という雑誌に載せた(6)。一九五五年に在エジプト大使として、片方でエジプト、他方で軍事的介入を企てた英仏との交渉に仲介役を演じて疲れ果てた時、学生時代の共産党関係をめぐって、もう一度、二回目に米国会の「魔女狩り」の対象ともなって、また他にも誰にもわからない悩みがあっただろうが、自殺した。立派な人物だったが、その悲劇的な死も加わって、日本における彼のファンの中で、特に左寄りの知識人のなかで、彼を崇拝する程度は少しオーバーだったと、当時、私にもみえた。」

彼のハーバードの博士論文を基点とする『日本における近代国家の成立』（岩波文庫の訳もあり）は戦後、アメリカの日本史の教科書としてよく読まれていたが、六〇年代になると、他の英語で書かれた歴史資料もタップリ出て、自然とノーマンの本がさほど読まれなくなった。

ところが、以上に引用したノーマン論文集のダワー氏の序文によると、それは何も「自然と」起こった過程ではない。ダワーより一世代前の箱根会議に参加した人を代表とする歴史家が、無意識にでも、米国の覇権主義の御用達として、近代化論などを展開して、ノーマンの歴史家としての姿勢を排撃していたからだった。特に槍玉に挙げられたのは、ジャンセン（Marius Jansen）のある論文で、先に引用したホールのペーパーと同様に、価値判断抜きの「近代化」の概念を定義しようとする試みだった。ダワーの評は、ノーマンと比べて、ジャンセンがいかに劣等であるかを細かく論じた文章である。主に二つの点――ノーマンはジャンセンと違って、戦前のマルクシストの歴史書を貴重な資料として扱っていたこと。そしてジャンセンがめざそうとする、価値判断抜きの歴史など、ノーマンは決して書こうとしなかった。いつも民主主義的、平等主義的、人道主義的な価値体系のレンズを通して、主観的判断を辞さない歴史家だったと。

私も含めた「箱根会議」グループの目標・心理状況を悪意をもって誤解した叙述として、私も当時怒ったのだが、三十年後にMITで同僚となったら、もう少し静かになったダワー氏と、時々ランチを一緒に楽しむ友好関係を築くことができた。

学者の遊蕩

箱根会議の一つの成果として、六〇年代を通じて何回か、バミューダだとか、プエルト・リコ、メヒコのクエルナヴァカなど、すばらしい高級海岸行楽地の高級ホテルで、バカンスをすごすことができた――「日本の近代化」についての小論を書くということを代償として。それ以前にも、その後にもない、楽しい贅沢な経験だった。米国の学術基金が資金をタップリ持っていた時だった。

その会議の資金を獲得した学術プログラムを作成するのに、おもな立役者は、エール大学のホール、プリンストン大学のジャンセン、当時ミシガン大学にいたウォード（Robert Ward）だったが、私もその推進委員会のメンバーとして、一会議の開催・一冊の本の編集を引き受けた[7]。明治以来の社会構造の変化（特に社会移動など）について、一つの会議を企画して、そのペーパーを集めた本を編集する機会を得たのだ。合計六冊が出た。ペーパーの著者たちは、六割がアメリカ人、四割が日本人、というくらいだった。五冊は、経済、政治、社会、思想史、文化的伝統をおのおののテーマとした。まだ「明治以来の歴史が悪質な悲劇だった」という簡単な歴史認識が横行していた日本だったから、反対の「いかに日本の近代化が見事に達成されたかご覧ください、日本人が誇りに思うべきじゃないか」と言わんばかりの趣旨が、あまりにも強く読みとれたかもしれない。

とにかく、五冊を出してから、委員会はバランスのとり直しを狙って、六冊目の本を、ファシズムへの移行を中心とした、コロンビア大学のモーレー（James Morley）氏を編集者とする『日本近代化のジレンマ[8]』とした。マルクシスト経済学者の友人である大内力氏と共著で、私も農地改革の研究の時に十分掘り下げる時間がなかった、小作争議の分析のペーパーを書いた。当時の資料を読んで、今でも覚えているひとつの発見は、争議の暴力の度合いだった。本当に過激な衝突が多かったのに、暴力に発展して、負傷者・死者を出すところまで行った例は、案外、非常に稀だったということである。

ライシャワー教授

それと同じ会議だったか、一九六八年ころ、プエルト・リコでの会議の時、もう日本大使を辞めていたが、まだある程度まで米政府のヴェトナム戦争の遂行を正当化する義務を感じていたライシャワー氏と、プールにつかって議論したことを思い出す。

長くミシガン大学の政治学教授を務めたキャンベル（John Campbell）と一緒に、会議の片手間にペーパーを書いた覚えがある。一九三〇年代の日本で、満洲事変など日本軍の行動を批判する人たちがだんだんと「非国民」よばわりされるようになったのと同様、当時ワシントンで、ヴェトナム戦争反対の人たちが「非国民」と烙印されつつある、という論法だった。

しかしライシャワーさんは、実に真実の人だった。相手とどんなに意見が違っても、平静に相手の言うことを聞いて議論する人だった。のちに、二人ともＯＥＣＤの日本教育使節団のメンバーとして、そして晩年はハーバードの同僚として、より親しく付き合うようになったが、本当に善意の親日家だった。日本生まれの宣教師の息子によくあったような、日本を見下すような傾向はまったくないように思った。彼が大使だった時は、日米関係の黄金時代といえよう。

ロンドン大学に戻る

日本の学者の経歴として、大学院の優秀な学生が、まず岩手や大分の大学で助教授となって、しばらく「島流し」されてから東大に呼び返されるのと同じように、私はロンドン大学のLSE（ロンドン・スクール・オヴ・エコノミクス）に呼び返される幸運に恵まれた。給料がまったく年功制のイギリスの大学のシステムになれていた私は、カナダ・米国は完全に市場主義だと発見したことをよく覚えている。

ヴァンクーヴァーのUBC（ブリティッシュ・コロンビア大学）の学長のところに行って、「まだ最終的に決まっていないのだが、私はロンドンのポストに招待されそうで、それを受けて行きます。私の後任として、優秀な日本人の友人、加藤周一を推薦したい」と言いに行った。

ところが、ちっとも真面目に聞こうとしない。「じゃ、最終的に決まったらまた話しましょう」とばかり。それで気がついたのだが、他の大学の友人を通じて招待を受け、それを梃子に自分の給料を上げるように交渉を始めることが、日常茶飯事だったのだ。同じ英語圏でも、大学教職員労働市場がそのように分かれていることは不思議だとは思いながら、市場主義者でない私は、ずっと制度がましであるイギリスに帰れるのが、ありがたいと思った。幻滅が訪れたのは、サッチャーがイギリスに市場主義政策を導入し、英米が違わなくなった時である。英か米か、どちらが文化的覇権国であるか、はっきり答えが出た。

残念なことに！　江戸時代の儒者たちが弾劾した「名利のための学問」を競う傾向を強めるばかりでなく、米国の財力のお蔭で、優れたイギリスの物理学者、歴史家、経済学者、人類学者がドンドン北米に誘惑されていく。高い給料ばかりでなくて、豊富な研究費も餌として。

とにかく、私は一九六〇年からＬＳＥで社会学の学位をもたない社会学助教授だったが、四〜五年すると教授になった。それでもホンモノの社会学者だという証拠に、ＵＢＣで友人の人類学者との議論に刺激されて書いた「機能および原因」という、私の生涯で唯一の「純粋理論」のペーパーを、アメリカの主要な社会学雑誌『アメリカン・ソシオロジカル・レビュー（*American Sociological Review, ASR*）』に載せてもらった[9]。

ＬＳＥを去って、サセックス大学の「開発問題研究所」に移るまでの一九六〇年からの十年は、実に楽しい十年だった。子供が二人生まれたし、一九六四年には一年間の休暇をもらって、ローマの国連食糧農業機関（ＦＡＯ）で『世界の農地改革[10]』についての報告書を書かせてもらった。それ以後、二〇〇〇年にイタリアに住み着くまで、イタリアの友人、イタリア文化の魅力に引かれる傾向が強まるばかりだった。

開発問題

ＬＳＥでは、授業は社会制度概論などのほかに、「日本の社会構造および文化」の講座を持った。しかし私にとって重要だったのは、フランス社会に詳しいボットモーア（Tom Bottomore）、アルジェリアをはじめイスラム社会の専門家であると同時に哲学者として名の通ったゲルナー（Ernest Gellner）、南米のカトリック宗教を研究していたデ・カット（Emanuel de Kadt）という、三人の同僚・友人と一緒に行なっていた「開発問題」のセミナーだった。

一九六〇年代は、国際社会の「開発問題」への関心が大いに拡大したときだった。ケネディ大統領の就任演説の一件《ひとくだり》が大きな反響を呼んで、一つの重要なきっかけとなった。

「我が世界の半分に渡って、バラックやムラに住んで、悲惨な生活状態の桎梏[11]を打破しようとしている人々に誓います。自分たちの力でその打破ができるように、我々は最大の援助をする努力を惜しみません。」

すぐその後で、ケネディの発案で、国連総会が一九六〇年代を「開発の十年（Decade of Development）」とすべきだという宣言をした。ローマで一九六四年に書いた『世界の農地改革』で、南米についての私の叙述はほとんど、米国の「進歩のための同盟（Alliance for Progress）」の結果としての改革の試みに関するものだった。実行されず、失敗に終わった計画が多かったが。

一九六四年に選挙で勝って組閣したイギリスのウィルソン（Harold Wilson）が、新しく「開発省」を作り、有力な女性政治家カースル（Barbara Castle）を大臣とした。日本は先手を打って、東畑精一、および「影の財界総理」と言われたコバチュウ（日本開発銀行の総裁、小林中《あたる》）と、「財界の鞍馬天狗」ソッペイさん（中山素平）の努力で、財団法人アジア経済研究所が早くも一九五八年に創立された。

翌年に格上げされ、通産省の特殊法人となり、日本の海外援助政策に大いに関わるようになった。マキュアン（John McEwan）という、一九四二年に一緒に日本語を習い、ケンブリッジ大学の講師のとき荻生徂徠についてのすばらしい本を著した友人が、今で言う統合失調症の患者となった。それでケンブリッジを去らざるを得なくなり、しばらく東畑さんの配慮で、アジ研で英文雑誌編集者としての避難所を与えられた。時々、古典的中国語で書かれた葉書を彼からもらった。実に優秀な人で、どういう経過をたどってか誰も知らないらしいが、日本から香港に行って一人で借りたアパートで遺体で見つかる破目になった。実に惜しい、悲劇的な人だった。

中国のなぞ

開発問題の研究者にとって、中国は、核兵器製造のために依存していたロシア、ある意味で戦時賠償の意味を持った日本の経済援助、世銀の借款以外に外国から援助やアドヴァイスを受けない、めずらしい「自力更生」の国として、魅力的なケースだった。そういう観点から、私が開発の例として中国に関心を持ったのは、七〇年代、中国が文化大革命で「学歴社会」の発生を打ちとめようとした新「制度」を導入した時だったが、以前から中国の国際的地位・国連加盟の問題に深い関心を持っていた。

前章で、米国・台湾側が「重要事案決議」の決議案を使って中国締め出し状態を維持しようとしたこと、および日本がそれに一生懸命に協力したこと、を記録した。

イギリスもそうだったが、イギリスはより悪質なケースであった。イギリスの場合、北京陥落・国民党の台湾への逃亡の一九四九年には、労働党政府がすぐ中国と国交を開き、台湾政府とは国交がなかったのだが、国連総会での投票の時、一種の一貫性を保って、中国加盟に賛成の票を入れた。しかし同時に、アメリカによる加盟阻止手段に過ぎなかった「三分の二票事故規定法」にも賛成票を入れることにしていたが、その米国追随の態度に憤慨して、私は『ロンドン・タイムズ』紙に投書した。「面従腹背のからくりで、けしからぬ。中国をこうして孤立させれば、中国の大学が毎年、自信たっぷりの、しかし中国以外の世界を全く知らない新しい世代を次々と世に出して、核兵器を使う戦争の可能性が一番高い状況を作っている」と。[12] もちろん、投書に効果なし。

在日韓国・朝鮮人問題

貧富の差が拡大すると、市民、市民権、市民の義務、社会の連帯意識がどうなるか、という課題を私が取り上げたのは一九八〇年代だが、一九六五年の韓国との国交正常化条約締結を見て、グローバル化しつつある世の中で、これは各国の共通な問題だと気づいた。どこかの月刊雑誌に条約を批難する論文を書いた覚えがある。

遺憾と思ったところは、在日韓国・朝鮮人の国籍・居住権をめぐる条項だった。部落民と同様、「差別されがちなマイノリティ」としてでなく、普通の市民、一級市民、という常識をつくるべきだと思った。日本に残るなら、国籍を変え、そうしたくないならば、ヨーロッパ人等と同様、在日外国人として扱うのが合理的だと思った。

しかし日韓両国政府は、決してそういう政策目標に賛成しない。一方で日本政府は「第三国民は日本人より劣等な人種だ」という多くの日本人の人種的偏見に沿った立場を取り、他方で韓国政府は韓国系の民団の人たち、北朝鮮政府は北朝鮮系の朝鮮総連の人たちに対するコントロールを失いたくない。どういう交渉の挙句にできたかは知らないが、朝鮮総連は自分たちだけの「大学校」までの教育システムを作って、日本に対する帰属意識より、朝鮮総連・北朝鮮への帰属意識の優勢を世代ごとに再生できるようにした。

皮肉なことに、最近摩擦を起こしたり、時々暴動沙汰となるのは、「在日」という資格のない、ヨーロッパ人と同様の「外国人」である韓国人が集中している地域らしい。

もっとも、これは簡単な問題ではない。いつか大阪の焼肉屋の若いマダムと話していたら、彼女はぷんぷん怒っていた。移民局で在日としての住居権の更新に行ったら、そこに「日本の国籍をとってみないか」というポスターがあったと言う。「けしからぬ。我々韓国人のアイデンティティを奪おうとしているんですよ。」

日本の雇用の研究へ

アメリカの人類学者には、日本の農村の実地調査をする人が多かった。実は「近代日本研究会議シリーズ」で私が編集した社会構造の一冊には、それらの論文が多すぎて、あまりおもしろくない本になった。例外は、近代企業を対照とする実地調査をした人類学者アベグレン（James Abegglen）だった。一九五八年に出版した『日本の経営』[13]は、住友のある会社を描写して、非常に鮮明に書かれていたので、私のLSEにおける「日本の社会構造」の講座で大いに使った。「終身雇用」という言葉が日本語に入ったのは、アベグレンの本の和訳を通じてだった。

特に「近代化論」が流行っていたその時に面白かったのは、既に引用したホール氏の定義による「身分社会から業績社会への移行」が、重要な要素であったからだった。[14]百姓の子が百姓になり、侍の子が侍になる社会から、各個人が労働市場において自らの職業の諸機会を摑んで、自分の業績によって、一生のあいだ、自分の社会的地位、自分の生活水準レベルを構築し続ける。

ところが、日本では、「市場」に参加するのは「就活」をする時だけである。学歴によって新しい「身分」を獲得するというシステムは、工業国家ではユニークだった。もっとも、現在、雇用者の三七％が非正規となって、少し変わってきたのだが、当時は臨時工、請負工、日雇いなどの非正規は二〇％以下だった。

いずれにしろ、六〇年代後半から、もっぱら日本の雇用制度・労使関係を研究対象として過ごした。一九六五年の二カ月間くらい、小岩に下宿して、小岩で置時計を作っていた精工舎、錦糸町にあった腕時計の工場のインタビュー調査を通じて、「日本的経営」の実態、およびそれに関わっている経営者、労働者、組合指導者の価値体系、義務感を理解しようとした。

アベグレンの本も含め、ほとんどの研究が、日本の特異性としては、いつも漠然とした「西洋の市場主義システム」を「普通の基準」と考えた場合のユニークさを指摘して、それを日本の文化の特異性のためだと説明していたのだが、その「普通の市場システム」自体をあまり厳しく規定していないので、論法がハッキリしないことが多かった。あくまで「経験主義者」と自負する私はそのことに着目し、その曖昧さを避けるために、イギリスのEnglish Electricと日本の日立の雇用条件、給料の計算、労使関係などについての細かい比較調査を、間宏《はざま》と二人ではじめた。調査ノートをプールして、私が英語の本、間さんが日本語の本を書くという約束であった。その後、間さんは病気になり、彼の本は完成しなかったのだが、一九七三年に出版した私の英語の本は、一九八七年に和訳が出た(15)。

日本の労働経済学者の共通な前提――というか、イデオロギーというか――が、この時に変わりつつあった。五〇年代から、「日本の労働市場はちゃんと近代化されるべきなのに、近代化していない。雇用関係は(アメリカと同様)個人契約として特化された関係であるはずなのに、身分的な『全人関係』のままであって、労働組合は職種別でなく、企業別の組織となっている」

一九九五年二月二七日第三種郵便物認可　二〇一四年一一月一五日発行（毎月一回一五日発行）

月刊
機
2014
11
No. 272

発行所　株式会社　藤原書店©
〒一六二-〇〇四一　東京都新宿区早稲田鶴巻町五二三
電話　〇三・五二七二・〇三〇一（代）
FAX　〇三・五二七二・〇四五〇
◎本冊子表示の価格は消費税抜きの価格です。
編集兼発行人　藤原良雄
頒価　100円

旧宅の解体で新しい資料や作品が続々と発見された！

『苦海浄土』以前の小説第一作の発見

石牟礼道子の小説第一作とみられる未発表原稿「不知火をとめ」が渡辺京二氏により発見された。一九四七（昭22）年の作で、石牟礼道子二十歳。初の小説とされてきた「舟曳き唄」より一二年早い。自身を思わせる主人公「草村道子」が易者に出会い、自らの心のうちを切々と語る内容で、『苦海浄土』以降の作品にはみられない、結婚や男性中心の家族制度に対する疑問が綴られている。

「不知火をとめ」ほか、十六歳から二十歳のころに書いた未発表の短歌や日記、短篇小説やエッセーも収録する。

編集部

●一一月号目次●

ここでは、「ひとりごと」（一九四六―四七年）と題されたもののなかから一篇と、「錬成所日記」（一九四五年）の中から一部を紹介する。

（編集部）

うたがい

「お父ちゃん、どうしてレイジョウって云うの？」

「なに？　レイジョウってなんだい。」

おとっちゃんは、今日も少し酒の匂いで曇ったようなまなこを、トロンと向けて、このこましゃくれた目付きをかしげているミッチャンを見た。今、やっと尋常二年に上ったばかりの娘である。

「シュフノトモに書いてあった。今村家の令嬢って――。それからおジョーサンとも――。いゝおウチの女の子ナノヨ、レイジョウって。ナゼレイジョウって云うの？」

ミッチャンは、お習字の墨で、大方は白生地を染め尽したエプロンの半ばほつれているポケットに両手を突込んで、仔細らしく頭をかしげている。

おとっちゃんは、酒の肴を咽喉に引っかけでもした時のように、ぐっとつまってしまった。

「あ、そうか――、ウン……レイジョウか……」

おとっちゃんはしどろもどろにこういったものゝ、すっかり面喰ってしまった。幼い眸は、やり場のないおとっちゃんの視線をまっすぐ追ってくる。

「ブゲンシャのウチの子はナゼ令嬢って云われるの？　ワタシも女の子なのに――。ウチはビンボウだからでしょ」

おとっちゃんは慌てゝ手を振った。

「バカ〱、ミッチャンも、そうだぞうだ、お父っちゃんのレイジョウだぞ。古山家の、うんにゃ木下家のレイジョウだ！　ブゲンシャだのビンボウだのって、べらぼうめ。

ウン、ミッチャンは、おとっちゃんの一番大事な子だから令嬢だとも。ワカッタか？　そうさ、金はなくったって、――いや金はあるぞ、ミッチャン達が届けないところに四斗樽一杯這入っているんだ、皆が悪口云うときには、そう云ってやりな。――だからナ、女の子はみんな令嬢なんだ。ウチのミッチャンはミチコ令嬢だ、な、わかったか、レイジョウ」

おとっちゃんは可愛くてたまらぬという風に、その酒の口臭をフーフー吐きながら釣合のとれぬよろ〱腰の上にミッチャンを抱き上げた。

ミッチャンは、そのひげのコワイ頬を

無造作に、小さな両手でかきのけ、冷然と上目使いに、疑わし気に、二度三度見上げたばかりで、おとうちゃんのあぐらの中にチョコンと這入ったきり身動きもしない。

「でも——

おとっちゃんがそう云ったたって、誰もそう云わない、令嬢って——。やっぱりビンボウだからかしら？…… でもオカシイナ、ブゲンシャの、いゝ着物きたひとたちだけレイジョウかしら。オカシイナ？」

▲石牟礼道子氏
（1944 年　17 歳のころ）

「誰も云わなくったたって、おとうちゃんが云うよ、ナ、令嬢って。だからミッチャンも令嬢だぞ。どこの娘よりもいゝ令嬢だ。大人の本は為にならぬから今からは読むんじゃないぞ」

「おとうちゃんが云ったってつまらない。ビンボウだからよ、ひとが云わなくちゃ嘘なのよ」

ちとばかり、ものが出来ると喜んでいるところがこれだからとおとっちゃんは思った。ミッチャンは今でもずっと大人を疑うのよ。

（一九四七年六月三十日）

錬成所日記

一九四五（昭和二十）年六月二十三日

二日後れて入所、実照寺の御堂に一人座し今日よりの生活を祈る。

さみだれや御堂に汗をさめ居り

錬成亦楽し、第一日目予想外に嬉しく暮るゝ。ハサミバコの跡を気兼ねなく撫でつつ、鬼塚校長先生、森先生、もろもろの君達のおことばの節々を味う。

——「此の人手不足の折々、この差し迫った世の中に、今更何の講習ぞ」。

——

執念深く根差していた嫌な文句も、心の中を一めぐりして抜け出していきそうな。「差し迫った世」なればこそその信念を一ときなりと疑いしは、未だ決戦一本に徹せざるが故ならん。云うは易し……云うは易し……。

「御苦労さん」。「どこへ行った？　あゝそうか、御苦労だったね」。森先生なり。通りすがら児どものひとり〳〵に、声を掛けられる。板切れ、畳なぞを持つ小さな手が、眸が、途端に変るように見えるのも、気のせいばかりでもあるまい。道の上で先生から声をかけられて嬉しかった幼い時分を思い出す。「教師のひとことが児どもを活かしもし、殺しもする」。どなたの御言葉だったか。

初対面、みんないゝ方、三ヶ月ともに苦楽を行ずるとは懐かしい。

ひょんなことになりそうな顔一渡り

同級生四人、鍬野、川口、吉野の諸嬢あとは皆お姉さん方ばかりなり。

六月二十五日

炊事当番、五時起床、終日馬耕《ばこう》訓練なれば、先生方の食事に一段の心づかいが必要なり。飯 稍《やや》 満足、汁 今日もお定まりの玉葱なれども、先生方の箸の動きにほっと安心する。
始めての稈帽子 行進、流石《さすが》は乙女の集いなり。

稈帽子ガラス戸毎に気にかゝり

農林校到着。

岩村先生より犂（鋤の意なり）につき簡単に御説明あり。

教育はこゝにもあり。おっかなびっくりながら馬の前に立てば、決戦道を行きつゝあるとの喜びに身の引きしまるを覚ゆ。

二度、三度、顔の筋肉をくずすまじとおもいつゝ馬の鼻息に当るうち、不思議と怖さが薄らぎ顔のあたりを撫でゝみたい見たい気にもなってくる、順番が待ち遠くなってくる。（略）

午前中遂に我が番に当らず、早、昼食となる。玉葱の煮〆を食べつゝ「煩悶」と云う事について考えた。分散教育は時局が教育者に与えた一大課題だと。昨夜の森先生の御言葉を噛みしめて見る。「我々の生活は煩悶の生活であらねばならない……」。あらねばならない位どころの騒ぎではなく、実際どうすればよいのか、唯もう無暗に目の前が広過ぎてつかみ所がわからない。何か、しっかりした支柱を得たいと思うが、今だに其れがどこにあるのか……。

午後やっと犂を握る。思ったより〝難し〟。ぶら下る。引っぱられるが精一ぱい。これ位のこと！ 決戦下の女性が！

情けないこと限りなし。田んぼにぶっ倒れたって、とよろめく足に力を入れるも、またそのまゝ引きずられる。炊事当番。あーあ、時間なし、泣きたいような気持で犂をはなす。夕食を見ても涙が出そうな今日であった。

沖縄玉砕の噂あり。まことなるや。

六月二十六日

馬耕第二日目――今日こそは！と道に足を踏みしむれど稍不安なり。

農林校に着きて森先生より沖縄南部地区玉砕、殆ど確実との情報を得る。

〝沖縄〟〝玉砕〟〝兄〟

御魂はや、このうつしよを去りますか
主《ぬし》なき便り幾度書きし、
むなしくも吾がまごころの便りぞも。
いずこぞ！　果てし主を尋ねて
神去りましゝも知らでありしか、今日の日迄。

事実――飽くまで、それは事実に違いあるまい。兄はもういない……と云う事から祖国の直面しているのが何であるかを切実に感じた。此んなにもひし〱と感じた事は、かってなかった。兄は沖縄につながり、沖縄即ち祖国につながっているのである。

ともすれば涙ぐまんとする心
友にはなれて馬を撫でおり
友の群に　そむけし顔を近々と
馬に寄せつゝ撫でつゝ泣かじ

犂《すき》取る手、何となく軽し、やゝ上達せしか？　気も晴れ〲と手綱を取り、記念撮影のカメラの前に立つ。

兄よ、いづこに我が手綱取る姿を見ませしや。

六月二十八日

朝、森先生より沖縄の報告あり。

〝長恨千載に尽きるなし〟

牛島最高指揮官の御言葉なり。

一億のはらから　そも　此の言葉を如何に聞きたる。

死にましゝ幾多　英魂の叫びにあらで、何の御声ぞ。

今ははや形見となりし箸箱の花を撫でつゝ泣かじとおもふ

遺されし箸箱撫でつゝゆくりなく赤き小花の浮きて流るゝ

日の本の唯をみなたれと云ひ送り沖縄島に果てし兄かも

私の悲しさ云はじ同胞《はらから》の恨《うらみ》を継ぎていざ起ち撃たむ

（後略　構成・編集部）

（いしむれ・みちこ／詩人・作家）

戦後まもなく来日。戦後日本の六十有余年の間に、なぜ「親日」から「嫌日」へ変貌したか？

幻滅——外国人社会学者が見た戦後日本70年

ロナルド・ドーア

「親日家」から「嫌日家」へ

ここで書こうと思っているのは、客観的な事実——この場所で、この日に、何々が起こったというような事実——というより、以下のようなことである。

1　なるべく客観的に、時代時代で、日本社会のメディアの常識、インテリにおける支配的なムードはどう変わってきたかという、思想史というより、日本のムード史というか。

2　全く主観的に、自分の「日本」という存在・国・イメージに対する感情の移り変わりの歴史。大変な日本びいきだった若い頃の私から、最近、日本政府ばかりでなく、体制派というような官僚、メディア、実業家、学者などのエリート層の人たちにも、ほとんど違和感しか感じないようになった経過をたどってみたいと思う。

若い頃は、「親日家ドーア」として通っていた。永井道雄が大臣だった時、「日本文化審議会」とかいう妙な審議会を作った時、ドナルド・キーンと私を「親日家の二羽ガラス」としてメンバーにしてくれた。最近「嫌日家ドーア」か「反日家ドーア」がもう定着したかどうか知らぬが、そうなるであろう。ご親切な人はまだ「知日家」と呼んでくれる。

「主観的」とはいっても、私のそういう思想の放物線は、私の価値体系の変化というより、日本の実態の変化に沿っていると確信している。若い頃日本のガール・フレンドに惚れていたという事情が、その日本観を支配していた、という人がいるかもしれないが、今でも、日本の女性の親しい友だちもかなりいるから、それは重要な要因ではないと思う。やはり、変わったのは私でなくて、日本である。

その日本の実態の変化の叙述、および私のそれに対する言動の対応を両方織り込んで書くのは難しいが、実態叙述の章・我が心の遍歴の章を、かわるがわるに置くことにした。

私の対日観を変えた「右傾化」

今でも、大変親しい日本人の友達がかなりいる。日本に行く機会があれば、年金生活者の手がなんとか届くようなエコノミー航空旅行が苦手でも、喜んで出かける。その友人達との再会ばかりではなく、毎日の生活で、地下鉄、デパートの従業員、道角で花を売っているお婆ちゃん、居酒屋やすし屋のマスター、タクシーの運ちゃんなどとの日常の人間的な接触など、日本は依然として住み心地がいい国である。財界・官界の人でも、私から言えば、全く間違った、愚かな日本政府の政策――特に日米関係や日中関係の政策――を是とする人たちの中にも、人間的に馬が合う人もかなりいる（知己が少ないから、政治家について、同じことは言えないが）。

しかし、総理大臣、内閣大臣一般の言動、哲学、人物に対して、私が好感を持ち、その政策目標を私もだいたい同情的に是としたのは、三木内閣が最後だろう。せいぜい、一九八二年に中曽根に譲った鈴木善幸まで。

私の対日観を変えたのは、その後の憂うべき右傾化である。その原因は、中曽根や小泉など、我の強い政治家個人の世界観の影響もあっただろうが、十二年前に書いた『日本型資本主義と市場主義の衝突』（東洋経済新報社）で述べたように、米国のビジネス・スクールや経済学大学院で教育された日本の「洗脳世代」が、官庁や企業や政党で少しずつ昇級して、影響を増して、新自由主義的アメリカのモデルに沿うべく、「構造改革」というインチキなスローガンの下で、日本を作りかえようとしてきたことが大きな原因だったと思う。それと、日本の自衛隊の成長、シビリアン・コントロールの希薄化、ペンタゴンとの親密さの深化という、軍国主義化の傾向と。

新自由主義の浸透、軍国主義的・好戦的な対外姿勢の通常化を憂える私の気持ちは決して、皮相的な誤謬に帰因するものではない――と信じる。

（Ronald Dore／社会学者）

▲ロナルド・ドーア氏
（1925- ）

日韓関係は、何が問題なのか？「右」「左」ではなく「真ん中」から問い直す。

日韓関係の争点

黒田勝弘＋若宮啓文＋小倉紀蔵＋金子秀敏＋小此木政夫＋小針進＋小倉和夫（発言順）

「NGO国家」になった韓国

黒田　韓国の賞味期限切れですよ、日本にとってのね。なぜ日本にとって賞味期限切れかというと、日韓というのはお互い、この間いろんな葛藤はありました。今、日韓関係は最悪といってますが、過去にはソウルの日本大使館にデモ隊が乱入し日本の国旗を引きずりおろすということまであったんですけど、それでもこれまではお互い日韓関係は重要だとか、最後は落としどころをみつけないといけないという、そういうことがいつもあったんです。けれど最近の状況は、落としどころが見つからんわけでしょう。日本サイドもそうだし、韓国サイドはそうです。僕は個人的にも、何だかんだ言ってもどこか韓国というのは通じ合うところはあったんですけど、最近どうもわからんなということを非常に感じるんです。それで韓国の一つの終わりを言ってるわけです。

その韓国というのはやっぱり基本的には一九六五年以降、つまり僕の言葉で言うと「朴正熙がつくった韓国」ですね。それが韓国だと我々は思ってきたんだけど、それがそうじゃなくなったんですね。

朴正熙の韓国ではなくなったというのは民主化のせいですね。民主化により韓国自体が非常に国家の権威がなくなって、僕に言わせると「NGO国家」になったということがある。韓国の新しい〝国のかたち〟ですが、これは我々からするとつき合い切れない。国家もそうですが、慰安婦問題なんか見ていると、外交もNGO的ですよね。

とすると「朴正熙の韓国」を頭に置いた考え方、つき合い方を考えてもこれはもうせんないことである、全く新しい発想でないといかんのではないかと思いつつあるわけです。

トップが刺激しあう現状

若宮　「賞味期限が切れた」というの

は、かなり韓国に対しては失礼な話ですよね。「日本にとっての」とおっしゃったんだけど、別に向こうは日本の事情で動くわけじゃないんで。ただ、そういう言葉尻の問題じゃなくて、要するに朴正熙の韓国だったのが、いつの間にか変わっていたんだなというのは、今に始まったことではないと思うんですね。もちろんしばらくは朴正熙的要素がなかったわけじゃないんだけど、とっくに金泳三から金大中まで大統領になっていたわけですから。

私は、民主化によって日本にとって、少なくとも一般の国民にとってみれば、むしろずっと賞味しやすい韓国になっていたと思うんですよ。朴正熙の時代あるいは全斗煥の時代というのは、やっぱり民主化勢力を弾圧しながら成り立っていて、そこが日本という国家にとってはある意味都合のいい面であったけど、国民同士の交流という意味では普通でない、暗くて怖い、そういう時代でもあったわけです。そういう国でなくなって、金大中さんによる大衆文化の開放も経て、特に文化交流が大きく開け、韓流ブームという現象まで起きたわけで、これはもう朴正熙時代では考えられなかったことだと思うんです。

ただ、今日《こんにち》ちょっと深刻なのは、にもかかわらずこういうふうになっちゃったというところですね。日韓関係は戦後いろんな山あり谷ありで、朴正熙時代にはそれこそ金大中の拉致事件があったり、あるいは全斗煥の時代には歴史教科書事件があったりで、さんざん、ある意味で今よりもよっぽど双方の世論が沸騰した時代があったわけですね。当時は何とかしようという意思が両政府にあったと思うんですよ。だから政府が何とか危機管理しようということだったんだけど、今は政府というか、政治のトップ同士が先頭に立って刺激し合っている感じで。むしろ国民の方が、最近は嫌韓やら、向こうでも相変わらず反日っぽいところはあるけれども、しかし国民の交流という意味で言えば朴正熙、全斗煥の時代とは全く違う現実があるわけで、むしろ国民の方が危機管理をしている感じがあるんじゃないかと。

小倉(紀)　日本も韓国も方向性に関して迷っているわけだから、「一緒につくっていこう」という動きがあってもいいと思うんですけれども、その動きがほとんどなくなってしまっているのが問題ではないか。中国化の問題ですが、韓国は今までアメリカ一辺倒でやってきたわけですけれども、新しい普遍というものを中国が出してきたときに、そっちに寄り添ってしまう可能性があるのではないか。

まず米中両国の関係安定を

金子 中国が海権国として対外膨張を始め、新大陸の勢力圏と摩擦が起きている。そのなかで韓国が一種の、「フィンランド化」を目指しているように見えます。「フィンランド化」とは、安全保障を隣の超大国に委ねることによって自己の独立を保存するという外交政策ですから、完全な従属国にならないために従属的姿勢をとるという高度な外交政策であって、単なる従属政策という意味ではありません。これは、李朝朝鮮と清帝国の時代のシステムがそうでした。どうもその時

代に近づいたようです。歴史的に陸権国の側についてきた韓国ですが、戦後のサンフランシスコ・システムでは海権国の側にいた。玄界灘で大陸と離れた日本は、ずっと旧大陸の陸権国についてこなかった。日韓が同じ側にいるとばかり思っていた日本にとっては、とても苛立たしい気持ちになって、それが猜疑心とか嫉妬心とかいうメンタルな反発になっているのでしょうか。

日韓には多くの共通分母がある

小此木 中国がいかに多くの社会問題を抱える国であろうと、人権が無視されている国であろうと、やはり中国は大国化するでしょう。そういう趨勢を無視してはいけない。

最近の中韓接近には、我々が過剰に反応している部分もあるように思うんですね。既に一部の日本のメディアや識者の間には、韓国は中国の勢力圏に入るんだ、伝統的な東アジアが復活するんだという論調がありますよね。だけど、中国が世界の中心であって、東アジアが一つの同心円的世界であった時代に戻れるほど国際関係は単純ではないですよ。世界には米国という超大国があり、米韓は同盟関係にある。事実、米国との同盟なしに、韓国は北朝鮮の脅威に対抗できません。また、韓国人の価値観とかライフスタイルは完全に西洋化してしまっていますから、今さら中国的な価値観で生活しろといっても、それは無理だと思うんです。

だから、日韓が新しい共通分母を探すことが国際関係にとっても重要になるんです。それは不可能ではありません。しかし、新し

い日韓関係をつくるというのは数十年間の課題ですから、そのサイクルが始まるという意味で、新しい覚悟が必要だと思います。しかし、開き直ってみれば、日韓はけっこう同じような立場に置かれています。だから、協力できないはずはありません。意外に、我々の間には多くの共通分母があるんだと思っています。

対話がないわけではない

小針　世論調査のデータで言うと、相手国の為政者に対しての印象がものすごく悪いですよね。特に「温かさ」という面で言うと、韓国人が安倍さんを見るときも、日本人が朴槿恵さんを見るときもやはりだめだと思うんですね。

小倉(和)　世論調査を見たり分析したりするときに考えなくてはいけないのは、実態とパーセプションの違いですね。日韓関係の実態と、日韓関係についてどう思うか、それをどう感じているかは別だということですね。日韓関係の実態は、決して悪くなってばかりではないと私は思うのです。政治外交関係は悪くなっているのですが、政治外交関係といってもリーダーが会う頻度とか、外交の対話の広がりとか、深さとか、相互の信頼関係とか、そういうことを全部含めて見ますと悪くなっていることは事実ですが、しかし、いろんな対話の広がりがないということでもない面も無視してはいけない。

経済関係から見れば、ご承知のとおり貿易は十兆円の規模になっているし、韓国の対日投資などは大体この五―六年で四―五倍くらいになっていると思います。文化とかスポーツ、そして韓国のテレビドラマは相変わらず毎日やっていますし、J―POPも、ゴルフも野球も、韓国人が日本で活躍しているわけです。

パーセプションが政治に影響する、世論に影響することは非常に大事なので、実態がいいからまあいいんだとばかり言ってられませんし、また政治外交関係は確かに非常に深刻な事態が起こっていることはわかりますが、政治外交関係が全てを動かしているわけではない。事実、経済面では、ガーナとか豪州、ミャンマーで、日韓の経済が共同でいろいろなことをやっていますから、そういう面は無視できないと思うのですね。（構成・編集部）

アナール派を代表する中世史の泰斗が描く、ヨーロッパ成立史の決定版！

ヨーロッパは中世に誕生したのか？

ジャック・ル＝ゴフ

欧州五か国協同企画の成果

たとえ過去の非常に遠い時代を扱っていようとも、あらゆる歴史書は現在とのあいだになんらかの関係をもっている。本書は第一に、ヨーロッパの現在の情勢のなかに位置している。私はこれを二〇〇二年から二〇〇三年にかけて、つまり、ヨーロッパの一部の国家による共通通貨の採用と中東欧の国々を加える欧州連合拡大とのあいだの時期に執筆している。本書はまた、言語の異なる五つの出版社（独・英・西・伊・仏）の協同によってひとつの共通文化領域を創りだす試みを掲げる**歴史叢書「ヨーロッパをつくる」**（監修・J・ル＝ゴフ）**のなかの一冊として**刊行される。そのタイトル「ヨーロッパをつくる」に明確に表されているように、編集者と著者たちがここで意図するのは、歴史的真実を尊重し歴史家の不偏の態度に重きをおきながらも、統一ヨーロッパ建設の条件の明確化に貢献するということである。

本書は専門書ではなく、中世の通史を書くことはその目的ではない。従って、この時代の主だった諸側面を網羅することも、ましてや詳述することもしていない。

ヨーロッパ出現の決定的な時期

本書は以下のような考えかたを示そうとしている。**中世とは、ヨーロッパが現実としても表象としても出現し形成された時代であり、ヨーロッパの誕生、幼少期、青年期という決定的な時期にあたっている。**もっとも、当時の人々には統一ヨーロッパをつくろうという発想も意志もなかったのだが。

ヨーロッパという明確な観念をもっていたのは、教皇ピウス二世（アエネアス・シルウィウス・ピッコローミニ、在位一四五八—六四）のみである。教皇は一四五八年に『エウロパ』を、つづく一四六一年には『アジア』を著している。ヨーロッパとアジアの相互関係の重要性を示す追加である。

中世をヨーロッパ誕生の時代とする考えかたは、第二次世界大戦の前夜から直後にかけてひろく見られた。ヨーロッパについての考察がさかんに行われ、ヨーロッパを舞台とする経済的・文化的・政治的計画が練られていた時期である。

ヨーロッパという「観念」についてもっとも示唆に富む著作を発表したのは、ふたりの十六世紀専門家である。『ヨーロッパ――ある観念の出現』（一九五七）のイギリス人デニス・ヘイと、一九四三―四四年および一九四七年から一九四八年の大学での講義を採録した『ヨーロッパという観念の歴史』（一九六一）のイタリア人フェデリコ・シャボーである。

▲J・ル=ゴフ（1924–2014）

ブロックとフェーヴルの中世観

しかし、中世におけるヨーロッパの誕生というこの考えかたが提出されたのは、とりわけ第二次大戦前夜、歴史記述に革新をもたらす『アナール』誌を創刊したふたりの偉大なフランス人歴史家によってであった。「**ローマ帝国が崩壊したそのとき、ヨーロッパが現れた**」と書いた**マルク・ブロック**と、これを受け、つけ加えて、「むしろ、**ローマ帝国の崩壊以来、ヨーロッパはすでに可能性として存在したというべきであろう**」と言った**リュシアン・フェーヴル**である。

フェーヴルは、コレージュ・ド・フランスにおける一九四四年から一九四五年の講義の第一回のなかに、こう書いている。「中世（近代にまで大幅に引き伸ばさなければならないような中世のことだが）全体を通じて、キリスト教は力強い活動を行った。これが、土を離れたキリスト教文明の大潮流を、万華鏡のような諸王国の不安定な国境を越えて行き渡らせ、そうすることにより、国境を越えた共通意識を西洋人に与えることに貢献した。この意識が徐々に世俗化して、ヨーロッパ意識となったのである」（『ヨーロッパ――ある文明の成立』）。

とくにマルク・ブロックには、中世をヨーロッパという視点から見る見方があった。すでに一九二八年のオスロにおける国際歴史学会において、ブロックは「ヨーロッパ諸社会の比較史学のために」と題する発表を行い、これが同年十二月の『歴史総合雑誌』に掲載されている。

また、一九三四年のコレージュ・ド・フランスへの出願書類のなかでも、ブロックはこの「ヨーロッパ諸社会の比較史学教育の計画」に触れている。ブロックはそのなかで、とりわけ以下のように言っている。

「**ヨーロッパ世界がヨーロッパとして創られたのは、中世においてである。**それとほとんど同時に、すくなくとも他との比較のうえでは成立していた地中海文明の統一を破り、かつてローマ化された民族とローマの征服をいちども受けたことのなかった民族とを、いっしょにるつぼのなかに投げこんだのである。このとき、ヨーロッパが、その人間的な意味において生まれた……。そして、このようにして定められたヨーロッパ世界は、以後たえず共通の流れの影響を受けることをやめなかったのである」。

現在・未来を考えるための最重要の遺産

これから素描するヨーロッパ、十八世紀以降になってようやくヨーロッパへと変貌する（「ヨーロッパの européen」という形容詞がフランス語に現れるのは一七二一年、「ヨーロッパ風 à l'européenne」という表現は一八一六年である）ような過渡的社会機構を見てみると、そこに直線的な発展が見られるとはいいがたく、地理的・歴史的に厳密に位置づけられるようなひとつの実体を思い描くことも難しい。ヨーロッパは今日なおつくるべきものであり、また想像すべきものでさえあるのだ。過去はうながしはするが、それがすべてではない。現在をつくるのは、歴史の連続であると同時に、偶然、人間の自由意志でもあるのだ。

本書では、中世にヨーロッパのどのような下絵が描かれたのか、また何がある程度までそれに抗い、それを反故にしていったのかということを、進歩と後退の直線的な過程という図式に陥ることなく概観することができたらと思う。しかしまた、これらの世紀（四世紀から十五世紀）が欠かせないものであること、今日と未

▲大教皇グレゴリウスを描くマッレス・ヴェノスタの教会の壁画（9世紀）

来のヨーロッパに息づく過去からの遺産のなかでも、その重要性において中世からのそれに勝るものはないことを示すのもまた、本書のねらいとするところである。

ヨーロッパの実際の特徴、あるいはそうであるとされているものが、中世のあいだに明るみに出るし、またしばしばこのとき形成される。潜在的な統一と根本的な多様性との混在、諸民族の混交、東西あるいは南北の分断と対立、東側の限界の不確かさ、文化がその統一のために果たしている主要な役割といったものである。

▲シャルトルのノートルダム大聖堂を遠望する（12～13世紀）

本書は、歴史的事実と呼ばれるものだけでなく、心性〔集団固有の精神構造〕に属する問題である表象にも、同じく重きをおくことになるだろう。こうした心性の形成、中世においてはとくに活発な想像世界が形づくられることは、ヨーロッパが現実としても観念としても成立していくうえでの欠くことのできない特徴なのである。

菅沼潤訳

（構成・編集部。本書「はじめに」より）

（Jacques Le Goff／中世史家）

（写真提供・池田健二氏）

ヨーロッパは中世に誕生したのか？

ジャック・ル＝ゴフ　菅沼潤訳

四六上製　五一二頁　四八〇〇円　口絵カラー16頁

戦後間もなくの激動期をいかに生きたか、半生を振り返る自伝的小説ほか

旧師故情——昭和青春私史

大音寺一雄

東京大学に入学して

大学でも二人のいい友人に恵まれた。一人は神山順一、もう一人は木下春雄、ともに社会教育を専攻に選んだ。

木下は新制東大の教養課程を了えて本郷で一緒になったが、川崎にあるセツルメントの活動家だった。

神山は「白線浪人」の救済組で、よく松本高校の話をしては懐かしんでいた。どこで身につけたか、ダンスがうまくて教えてくれると言ったが、乗らなかった。

女子大生と踊って見せてくれた姿は花があってよかったが、姉が自ら散らせた花を、自分が咲かせることはできない。「忍ぶ恋」ということすらなかったが、その代りに酒を呑むと、勝手なリクツは付けていた。

社会教育の恩師

専攻主任の宮原誠一教授は、戦後日本社会教育研究の基本的骨格を創った人であるが、長身瀟洒で、人をひきつける、独特の魅力があった。助教授に碓井正久さん、「さん」というのは主任教授が紹介する時、君たちのお兄さんのような人だと思ってください、と言ったからだが、以後研究室でも教室でもいつも「さん」付けで親しんだ。

一高の学生だった頃は斎藤茂吉について学んだすぐれた歌人であることは、ずっと後になって知ったが、そんなことはおくびにも出さぬ碓井さんも、宮原教授と同じく精神のスマートな人だった。

教育行政学科の主任教授は宗像誠也先生、助教授の五十嵐顕さんは講義の中で、主任教授からアメリカの「ボード・オブ・エデュケーション（教育委員会）」をよく調べて下さらんかと言われましてね……と言っていたが、国家に従属していた戦前の教育行政の思惟様式から仕組までの一切を、根本から改める取組みが始まっていた。

いくつかの学科に分かれていた学校教育関係の講義の中で、勝田守一《しゅいち》教授と大田堯《たかし》助教授の教室は大勢の学生を集めていた。

　勝田先生は京大・哲学科の出身だった。「皇道主義」の哲学や「ドイツ観念論」の枠組みの中に長く閉じ込められていた日本の教育学を根底から改めるという取組みは、先生あってその緒についたばかりであった。

　大田先生はそれを、子どもに即し民俗に根ざしてというやり方で、方法を異にしつつも志は一つの努力を傾けておられたのだと思う。

「大きな問い」を育てる教育の実践

　宮原さんのM、宗像さんのM、それに勝田さんの名前のMを合わせて、これを「スリーエム」と称して世にひろめたのは、後に他大学から東大に移ったO助教授ではないか。勝田先生の名の守一《しゅいち》を「もりかず」と呼びかえてのことだが、そんな小才《こさい》のききそうな人だった。

　そういう呼ばれかたは、三先生の誰も迷惑だったと思うが、教育学部の世評には高いものがあった。

　国の再建を担う大きな役割への期待が、新しい学部に寄せられていた。

　「戦争の放棄」を定めた画期的な「日本国憲法」と結んで制定された「教育基本法」は、前文で、憲法の理想の実現は根本において教育のちからにまつべきものであると謳っていたが、その「ちから」が教育の理論と実践の統合のうえに成り立つものであることを世に示したのは、小・中の教師たちの「実践記録」である。

　無着成恭さんの『山びこ学校』（一九五一年）はその典型であった。

　自分の家がこの貧困から抜け出すためには、土地を買い足すしか道はない。しかし農地が限られているこの村で、自分のところが立ち直ることは誰かを貧しさに突き落すことにつながっているのではないか、それでいいのか……、一人の少年がおのれの内に抱いたこの問いは、経済再建への道を辿り始めていた日本の社会全体に通ずる問いでもあった。

　大きな問いを育てる、教育の実践。そこに戦後社会の希望があった。

　少年の作文は、戦前日本の東北地方の教師たちが寄りどころにしていた「生活綴方」の伝統に負うものであった。

（後略　構成・編集部）

（だいおんじ・かずお）

リレー連載　近代日本を作った100人　8

津田梅子——権威によらぬ自由な女性教育

三砂ちづる

精神形成上は「異郷の人」

十歳前後から十代後半まで、つまりティーンエイジャーの時代をどこで暮らし、どの言語で学ぶのか、ということは人生に決定的な影響を与える。深く考え、人との交わりの中で愛し、悩み、傷つく。本を読み、教師の教えに耳を傾け、その言語のもつ文化に育まれる。早熟な人であるほど、その影響ははかりしれまい。

一八七二年、七歳になったばかりでアメリカに到着し、十八歳になる直前に日本に帰国、さらに二十四歳から二十七歳にかけて再度アメリカに渡航し、名門ブリンマー・カレッジで生物学を修めた津田梅子。彼女は、日本語で学び、日本語を窓として世界をみるような人ではなかった。帰国後、政府留学生としての立場をよく理解し、速やかに日本語を学び、使うようになるが、読み書きに関しては生涯苦労し、常に英語のほうが楽であったらしい。

その精神形成上、彼女は「異郷の人」であり、日本文化や日本語は最後まで彼女にとって「学ぶ」ものであり続けたようだ。学ぶ対象である文化は、自らが浸りきり、そこから出なければならぬ、と思うような確執をもちうるものとはやや異なり、客観的によきものをみることができたり、愛おしいもの、であり得たりする。「日本初の女子留学生計画」は、「日本を外から見る目」をもった聡明な日本人女性による女子専門教育の先導を可能にしたということだ。津田梅子にとって、古き良きアメリカはいつも懐かしかっただろうし、日本の現実はどんなにか「遅れて」いただろう。それでも、外からの目をもってすれば、日本の女性のありように、よき面を見いだすこともできた。梅子は、「過去の日本女性が伝統として伝えてきたすぐれたものをすべて保つ努力」をせよ、と言う人になる。

「中庸」が動かした女性たち

津田塾大学の前身、女子英学塾開校の式辞において彼女は、専門の学問を学んだりひとつのことに熱中したりすると考えが狭くなることがあるから、勉強はしても、「円満な婦人、すなわちall-round womenとなるよう心掛けねば」ならない、と語る。女子に専門教育を与える最初の学校であるからこそ、世間の目には、つきやすい。学校で教えている本来の専門科目や教授方法とは関係のない、日常の言葉遣いや、他人との交際ぶりや、服装など、細かいことで批判を受けると、それが女子高等教育の進歩を妨げることになるから気をつけよ、と言う。「何ごとによらず、あまり目立たないように、出過ぎないように、いつもしとやかで謙遜で、慇懃であっていただきたい」。このように言った津田梅子であったから、学生に女性解放運動「青鞜」に関わらないように言ったりしたし、都心から遠い小平にひっそりと校舎を移転することに同意もした。

権威をきらい、校章も校旗も校歌も持たぬ。権威づけと形式主義、それらと女性の自由は、別のことだと考えていた。男性の権威を奪うことが目的ではない。権威からの自由をこそ、求めた。学生と教師の関係性のみに教育が存在する、と疑わず少人数教育を貫く。今も津田塾の入学式は、学長からの簡単な祝辞で終わる。逆に卒業式はひとりひとりに卒業証書が手渡されるから、延々と続く。教師との関係が生涯続くことも珍しくない。

女性よ、時代の礎になれ。それは直接男性と闘うことではなく、みずからの身を正し、学び続けることから始まり、そのようなことができる人には、ふさわしい場所が自ずから用意される、と考えていた津田梅子。女子英学塾、津田塾卒業生の切り開いてきた堅実な暮らしぶり、働きぶりは多くの人の知るところとなった。一見、時代に遅れているようにみえて、彼女の「中庸」は確かに女性たちを静かに動かし、その教育成果は日本近代のひとつの礎となっていったようにみえる。

（みさご・ちづる／疫学）

▲津田梅子（1864-1929）
1872年岩倉具視遣外使節一行とともに日本最初の女子留学生の1人として米国に到着。翌年キリスト教入信。米国で小中学校を終え82年帰国、伊藤博文、下田歌子と接し、華族女学校に奉職。89-92年再び渡米、ブリンマー・カレッジで生物学を修めオズウィゴー師範学校で教授法を研究。1898年万国婦人クラブ連合大会で日本女性の代表として挨拶。ヘレン・ケラーやナイチンゲールを訪問。1900年女子英学塾（現津田塾大学）を設立、女子高等専門教育の発展に尽くした。

Le Monde

■連載・『ル・モンド』紙から世界を読む　140

逃げ出すお金持ち

加藤晴久

　イギリスの大手銀行バークレイズが二三カ国の一五〇万ドル（約一億六千万円）以上の資産家二千人を対象におこなった調査によると、五年以内に外国に移住したいと考えているイギリス人は二〇％。アメリカ人六％。インド人五％。中国人がダントツで四七％！

　行き先はまず香港（三〇％）。ついでカナダ（二三％）など、比較的国籍を取得しやすい国々。

　動機だが、複数回答で、七八％が子どもの教育と就職、七三％が経済環境と安全を挙げた。医療と公共サービスの質がそれに続く。経済協力開発機構（ＯＥＣＤ）の調査によると数学・理科・読解能力では上海が一位、香港が二位なのだが、被調査者によると、中国の教育は暗記中心の詰め込み、点取り競争と評判がよくない。結局、子どもを外国、とくにアメリカの名門大学に留学させようと躍起になる。中国最大の不動産会社SOHO Chinaの女性経営者、張欣はそのため千五百万ドルをハーバード大学に寄付してネット上で批判されたが、それができるなら自分もそうするという反応も多かった。

　今年夏、自分の娘にハーバード大学を卒業させた習近平国家主席は、国内の大学における党イデオロギー教育を強化すること、人文社会系の最高学術機構である社会科学院の研究員採用に際してマルクス主義教義への忠誠度を基準とすべきことを指示した。

　思想的締め付けと汚職追放は、習近平政権の車の両輪である。お金持ちの中には汚職によって富をなした高級官僚が少なくない。しかも、少なくない者たちが妻と子どもたちをすでに外国に移住させ、資産も移転してしまっている。いざとなれば自分もすぐ逃げ出すつもり。「裸官」といわれている連中である。七月、広東州だけで二一九〇人の「裸官」が摘発され、八六六人が首になった（『ル・モンド』九月十七日付）。

　共産党独裁体制は遅かれ早かれ崩壊するのが歴史の法則。中華人民共和国はいつまでもつだろうか。

（かとう・はるひさ／東京大学名誉教授）

リレー連載　今、世界は　8

歴史のないアメリカ文明

岡田英弘（歴史家）
宮脇淳子（東洋史家）

アメリカ人は、自分たちの文明が全人類に通用する普遍的な文明だと思い込んでいるが、アメリカ文明は、実は、世界中の他のどの地域にも適用の利かない、非常に特異な文明である。

アメリカ合衆国は、北アメリカの大西洋岸にあったイングランド王の十三の植民地の住民が、王にたてついて一七七六年に独立を宣言し、連邦を結成したのが起源である。アメリカ独立以前に土着のアメリカ王とかいうものがあって、それがアメリカをたばねていたわけではない。何のまとまりもなかったところにつくられた国である。

お互いが同じアメリカ人であるというアイデンティティの基礎は、一七八七年のアメリカ合衆国憲法の前文だけなのだ。憲法だけによって作られた国家というものは、アメリカ合衆国が世界で最初であるし、それ以後も例がない。つまり、アメリカ合衆国は、純粋にイデオロギーに基づいて成り立った国家なのである。

だから、アメリカ文明では歴史はあってもなくてもいいもので、重要な文化要素になり得ない。

アメリカ人はつねに現在がどうあるかということにしか関心がない。「歴史」という言葉は、アメリカでは「だれでも知っている話」ぐらいの意味で軽く使われる。アメリカ人は「伝記」が非常に好きだが、偉人の伝記を成功の手引きとして読んでいるのである。

アメリカ人は、まず憲法ができて、それを中核にして国民国家ができるのが当たり前だ、と思っている。アメリカ合衆国の建国によって人類の長年の理想がはじめて実現した、と思っている。民主主義が全世界に広まるのが歴史の必然であり、それを実現するのが、アメリカの神聖な使命だ、と信じている。

こういう、世界各地の歴史の積み重なりを理解できない、イデオロギーだけでできた国家が、世界最強の軍事大国であるということは、人類にとってたいへん不幸なことではなかろうか。

（おかだ・ひでひろ／みやわき・じゅんこ）

連載　女性雑誌を読む　79

愛を貫いた歌人　柳原白蓮（二）

――『女の世界』33

尾形明子

柳原白蓮

　伯爵夫人・芳川鎌子がお抱え運転手と駆け落ちし、心中を図り未遂に終わった事件については、すでに述べた。

　凄まじい罵詈雑言に包まれるが、華族階級に対する庶民の憧憬は、一転して、「堕ちた偶像」への過剰なバッシングとなる。鎌子はその後、やはりお抱え運転手だった男と同棲。伯爵家からは完全に縁を切られ、窮乏の中で一九二一（大正十）年四月に病死した。享年二十九歳。

　同年六月号『女の世界』は、出獄して間もない社長の野依秀一が「現代の男子は処女を望む資格無し」として鎌子の死に満腔の涙と同情を注ぐ。野依は、鎌子の父親も、養子に入った夫も妾を持ち、不品行は周知であったにもかかわらず、鎌子だけが排斥されたことに「男も女も同じ人間である」と憤る。

　山川菊栄も「芳川鎌子と九条武子と伊藤白蓮」を書く。「同じ貴婦人でも、九条武子とか、伊藤白蓮とかいふ高慢チキな、そのくせ臆病な体裁屋、勿体ぶり屋、虚飾屋とちがつて、赤裸々で厭味がなく、遙かに人間らしく思はれます。鎌子が無能とは云へ、愚にもつかぬ腰折れを、恥しげもなく並べたてるより外に能のない武子や白蓮とても運転手の女房にしてみたら鎌子以上に役に立つ譯でもありませまい」「鎌子と彼等との相違は、前者は恋故に富を捨て、爵位を捨て、世間を捨てたに引きかへて、後者は金故に恋を葬り、肉を売つたといふ点であります」と手厳しい。

　白蓮が宮崎龍介に出会うのは一九二〇（大正九）年一月。龍介は当時、東大新人会に所属し、吉野作造らを中心とした総合雑誌『解放』（大鐙閣）の編集にかかわっていた。同誌に白蓮が発表した仏教小説「指鬘外道《しまんげどう》」を舞台で上演することの許可を求めて、九州に白蓮を訪ねた。日常生活の不満を、歌を詠み、信奉者たちとの火遊びで紛らわしていた白蓮にとって、龍介は恰好の相手だった。激しく燃えるような文面の手紙が一日何通も交わされ、京都の宿で逢瀬を重ね、翌年一〇月、妊娠した白蓮は龍介のもとに走る。白蓮三十六歳、龍介二十八歳だった。山川菊栄の評論はそれ以前に書かれた。

（おがた・あきこ／近代日本文学研究家）

連載　ちょっとひと休み　20

朗読ミュージカルの生い立ち（1）

山崎陽子

「朗読ミュージカル」が生まれたのは一九九〇年、もとNHKラジオの歌のお姉さん大野恵美さんのリサイタルの稽古中であった。『電話を切らないで』という一人語りのミュージカルで、ヒロインは若いバレリーナ。足を怪我して絶望したバレリーナは命を絶とうとしている。立て続けにかかってくる間違い電話に邪魔されるのだが、その中に自殺願望の女性の電話がある。我を忘れ、名も知らない相手を夢中で諭すうちに、いつしか命の大切さに気づく、という比較的判りやすい筋立てであった。

　ところが稽古中、裏方さんの一人が、「話が分からない」と呟いたのである。電話の度に変わっていく物語についていていけないらしい。たとえ一人でも理解できないなら工夫しなければと思い、急遽ナレーターの役を書き加えた。状況描写、心理描写をナレーターが読むことで、驚くほど判りやすくなり、舞台稽古の時、例の裏方さんが「何てイイ話なんだ」と涙をふくのを見て、このやり方に確信を得た。本番直前の変更を見事に演じきった大野さんの功績は大きい。

　その後、後に朗読ミュージカルの申し子と言われるまでの人気を得た森田克子さんが、一メートル四方のスペースでやれる作品をと望まれたので、この方法でO・ヘンリーの『善女のパン』を書いた。小川寛興氏の作曲による初の朗読ミュージカルの誕生であった。これが大好評で、矢継ぎ早に、このトリオでのO・ヘンリーの朗読ミュージカル四部作が生まれた。

　上演希望者が増え、まるでオーダーメイドのドレスのように演者に合わせて作品を書くのは大変ではあったが、装置も小道具もない小さな舞台は、観客の心に限りないイメージを広げ、一人一人の胸で完成されることに気づいた。「泣いて笑ってほのぼのと」というキャッチフレーズそのままに、そこには舞台と客席が一体になれる至福のひとときがあった。

　それにしても、朗読ミュージカルというネーミングは奇妙だと言われ、もっと判りやすい名称をと思っているうちに「朗読ミュージカル・山崎陽子の世界Ⅳ」が平成十三年度文化庁芸術祭で大賞を受賞。改名の機会を失ってしまった。（次号に続く）

（やまざき・ようこ／童話作家）

■〈連載〉生命の不思議 8

自発と〃私〃という思い

生物物理学　大沢文夫

ゾウリムシは泳いでいるとき自発的に方向変換をする。この方向変換は細胞内のイオンの濃度のゆらぎがときどき突然大きくなったとき、細胞内の電位がびくっと動きそれを信号としておこる。同じ自発といっても、ヒトの自発には意志が入っているはずだから、ゾウリムシのようなゆらぎによっておこるのとは全くちがうというのが多くの人々の考えであろう。そこで〃自発〃ということばのもつ意味をあらためてしらべてみた。

英語の論文をかくとき自発には「スポンテニアス」ということばを使う。このことばを英英辞典でみると二つの意味が書いてある。一つは「突然あることをしたいと思い立ってする」であり、もう一つは「自然におこること」とあった。英和辞典でみても同じことが書いてある。国語辞典をみても全く同じ。ところでわれわれは〃自〃という字を二通りによむ。〃みずから〃と〃おのずから〃である。みずからの方には意志が入っているが、おのずからの方はひとりでに、自然に、である。

単に自発といったり書いたりしたときには、上述の二つの意味のどちらであるかは区別できない。二つの意味の両方を含んでいる。昔は二つの場合あるいは意味を区別しようとしなかった。どちらも含んでいた。

二つの場合を区別するのは〃私がやりたいからやった〃と「私」を強調することにある。「私が」「私が」といい出したのはいつからか。東洋も西洋もどちらも同じころからであるらしいことがおもしろい。

以上は、ヒトの場合の自発という概念の発展についてである。

生きもの全体をながめて、バクテリア、ゾウリムシ、そして多細胞生物へ、そしてネコ、サル、ヒトに至るまで、そして一方植物へ、〃自発性〃はすべての生きものにあり、進化に従って自発性に段階はあるが断絶はない。

〃意志〃は、自発性の発展の中でどこではっきり現れたのであろうか。突然何かをしたくなってやるということもあるだろうが、これを、もしゆっくりしたいことをきめてことをはじめたら、そこで意志の形成が始まるのではないか。

（おおさわ・ふみお／名古屋大学・大阪大学名誉教授）

一〇月新刊

江戸以来四百年の歴史から、東京の未来像を考える

環

学芸総合誌・季刊

【歴史・環境・文明】

Vol. 59

'14 秋号

〔特集〕江戸・東京を問い直す

〈座談会〉青山佾＋片山善博＋中村桂子＋岩淵令治

宮脇昭／陣内秀信／青山佾／小沢信男／楠木賢道／スニトコ・タチアナ／尾形明子

〈ディベロッパーが見た東京〉三井不動産ほか

〔小特集〕都市は市民がつくるもの 【後藤新平とCh・A・ビーアド】

ビーアド／春山明哲／中島純／鈴木一策／楠木賢道

〔小特集〕粕谷一希さんを偲ぶ

佐々淳行／澤地久枝／高田宏／三谷太一郎ほか

〔小特集〕トマ・ピケティ著『21世紀の資本論』を読む

R・ボワイエ（横田宏樹訳）／的場昭弘

〈インタビュー〉エマニュエル・トッドとは何者か

E・トッド（聞き手・訳・解説＝石崎晴己）

アベノミクス以後の日本経済 片岡剛士

歴史生態学から見た世界史の構図 三木亘

もはや、日本はオリエンタリズムの世界ではない 立花英裕

〈書物の時空〉上田正昭／芳賀徹／森崎和江／上田敏／朴才暎／丹野さきら

〈連載〉「〈対談〉文明の視点から」川勝平太＋伊東俊太郎／石牟礼道子／金子兜太／山田登世子／石井洋二郎／小倉紀蔵／三砂ちづる／河津聖恵／能澤壽彦

菊大判 四八〇頁 三六〇〇円

四〇年前に中国の真実を見抜く！

岡田英弘著作集(全8巻) 5 現代中国の見方

領土問題、歴史認識をはじめ軋轢の高まる日中関係をどう理解すればいいか？ 文化大革命、毛沢東・林彪・鄧小平ら権力者の実像をつぶさに描きながら、中華人民共和国の真実を鮮やかに看破した碩学の決定版！

口絵二頁

月報＝マーク・エリオット／岡田茂弘／古田博司／田中英道

四六上製布クロス装 〔第５回配本〕

五九二頁 四九〇〇円

世界を歩いてわかった「東京」の魅力、そして課題とは？

世界の街角から東京を考える

青山 佾

巨大都市・東京の副知事を長年務め、ハードおよびソフトとしての都市を熟知する著者が、実際に訪れたニューヨーク、ロンドン、パリ、ベルリン、ローマ、バルセロナ、モスクワ、北京、ホーチミンなど世界の約五〇都市と比較しながら、自治・防災・観光資産・交通・建築など多角的視野から考える、「東京」の歴史・現在・未来。

四六判 四〇八頁 二五〇〇円

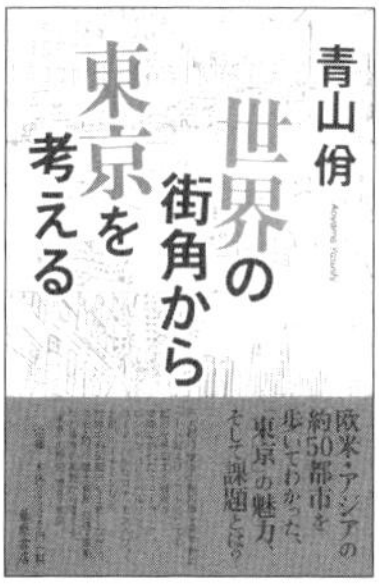

資料のない歴史を書くことができるのか？

知識欲の誕生

ある小さな村の講演会 1895-96

アラン・コルバン 築山和也訳

フランスの小村に暮らす農民や手工業者たちは、どのように地理・歴史・科学の知見を得、道徳や公共心を学んでいたか。一人の教師が行なった講演会を甦らせる画期的問題作。

四六変上製 二〇八頁 二〇〇〇円

68年「五月」のバイブル

〈新版〉学生よ

一八四八年革命前夜の講義録

ジュール・ミシュレ 大野一道訳

二月革命のパリ——ともに変革を熱望したふたりの人物、マルクスとミシュレ。ひとりは『共産党宣言』を、もうひとりは本書を著した。幻の名著、本邦初訳！

四六上製 三〇四頁 二五〇〇円

読者の声

岡田英弘著作集V 現代中国の見方■

▼最近、日中関係の悪化に伴ない、毒々しいタイトルの中国関係の本が多いが、それらと本書は一線を画する。本質を丁寧な言葉で説明してくれる。従来の歴史観が一新される思いだ。

「おわりに」で岡田先生が書かれているように次の世代の誰かが、今の中国と将来の中国について分析し、私どもに教示して欲しいと思う。

（兵庫 高校教員 **岡本哲弥** 55歳）

▼不可解な隣国を理解するために最適な著作。中国を一つのまとまりある国家と見做すのではなく、それは様々な勢力が入り乱れた空間である、と捉えるのが適切なのだろう。全日本人必読の書。

藤原書店さんの出版物には、本当に良いものが多い。数年前はブローデルの『地中海』で読書の楽しみを味わった。今回もそうである。

（神奈川 英会話教室主宰 **新行内進太郎** 67歳）

古文書にみる榎本武揚■

▼三〇年も前に、箱館戦争以後の榎本武揚の生を、足尾鉱毒事件・田中正造との関係で知り、ずっと関心を持ってきました。没後一〇〇年の貴社の榎本についての一冊も購入して読み、ますます関心が強くなっていました。

やや、箱館戦争までの記述が多く、私は、ロシア大使時代や足尾事件とのかかわりの詳細が知りたく思いました。

何とも興味の尽きない歴史的人物!!

（埼玉 元教員 **山川貫司** 61歳）

粕谷一希随想集III 編集者として■

▼「人」「歴史」「編集」、三冊の随想集に配された三つのキーワード。まさしく粕谷先生を簡潔に表していると思います。多くの文章から抽出する苦労は多々あったと思いますが、的確な選集をありがとうございました。

中央公論編集者先達の滝田樗陰氏の評伝（杉森久英、中公新書）を併読しました。置かれた時代と状況の差異が大きく比較はしがたいのですが、やはり人としての誠実性において粕谷先生に惹かれます。

編集者は人がよいだけではつとまりませんが、広範なテーマと著者への厳しくかつあたたかい目配り、そしてそれらを通しての自己思想の表現と商業性の確保、これらの実績を積み上げたうえでの人格を思いました。

粕谷先生の死という厳粛な事実を納得し切るにも、この三冊は過去の著作と合せて重要な宝と思います。もちろん他にも名伯楽はおられますが、出版史に煌めく存在を惜しみつつ、一つの時代の区切りを認識しながら、もう一度読み返したいと思いました。

（千葉 会社員 **金子克己** 61歳）

▼粕谷さんの戦後思想（家）論の大部分は、既刊本で読んでいるが、本巻の〝さまざまな回想〟などは、新聞、雑誌掲載の未購読のもの多く、粕谷さん本人の思想を知るためにも不可欠のものもあり、本巻は、まことに有益であった。名篇を精選された随想集三巻の完結を慶びたい。

（宮城 **佐藤宏** 84歳）

▼I〜IIIの完結、おめでとうございます。『戦後思潮』（日本経済新聞社、のち藤原書店刊）より、彼の文章を読んできた。彼の対談集、書評集は一部の対談・書評を集録しているが、何とか軽装版でいいので全てを刊行して欲しいものである。

（宮城 会社員 **鈴木孝** 62歳）

粕谷一希随想集Ⅰ・Ⅱ■

▼粕谷一希先生の随想集をⅠ巻Ⅱ巻と読んできて、日々の仕事に忙殺されている私に「しっかり勉強するよう」無言の教えをして下さっているように感じます。第Ⅲ巻「編集者として」を早く読みたいと思う一方で、これで完結させてはならず粕谷先生の問題提起を熟考していかねばと思案しています。（東京　松本朗）

粕谷一希随想集■

▼『粕谷一希随想集』につきましては、その内容が私の好みと一致し大変喜んでおります。九月刊行の第三巻が待たれます。

かねて貴社の出版態度につきましては、私は、ひそかに第二の岩波書店をめざしておられるのではないかと考えて居ります。

今後、出版事情は益々厳しくなるように思はれますが、然し質の良い出版物は永遠であります。何卒今後共精を出され一層の努力あらんことを、お祈り申上げます。（大阪　李京現）

世界精神マルクス■

▼よくぞマルクスを〝世界精神〟と言った。

マルクスになんのゆかりもなかったアタリがマルクスをめぐる世界＝哲学・政治・経済・数学・生物学・医学・物理学に加え、文学・芸術にまで目をとどかせているのにおどろく。

マルクスはプロレタリアート（労働者階級）を世界をおおう一枚岩としたところに思い違いがあった。（群馬　中野泰）

▼随分と長いマルクスの物語ですね。読みながらサイドライン引いたり、自分の最重要なところには蛍光ペンを引いたりしました。こうでもしないと、あとで忘れるからです。

彼は十九世紀の英雄ではないか、と思いました。『資本論』は存在しますが、まだ読んでません。この本のように『資本論』を読みたいです。どうもありがとうございました。（熊本　永村幸義　67歳）

吾輩は日本作家である■

▼エッセイなのかと思って読み始めたら小説なのですね。面白くて一気に読んでしまいましたが、日本と日本人を実体験でなく、作家の知識と想像力でとらえたのでしょうか。言い表しようのない不思議な読後感です。（埼玉　松原亘　68歳）

内田義彦の世界 1913-1989■

▼母校の新聞で紹介があり購入。大学時代、もっとも印象に残る先生で、これまで出された書籍がどれもすばらしいものでしたので。（沖縄　新崎和治　67歳）

竹山道雄と昭和の時代■

▼「あとがき」にある竹山道雄氏のコラムを（未出版のも）貴書店より発行するとのこと。出版されたら案内をお送り下さい。（静岡　田子洋吉　66歳）

▼竹山道雄といえば「昭和の精神史」「主役としての近代」「失われた青春」「妄想とその犠牲」などの論篇を若き日にむさぼるように読んだ。深く広い学識を持ち、時流におもねらず、自分の信念を貫いたリベラリスト竹山のそれはすぐれた評伝が書かれた。著者からすると竹山は岳父だが、これ以上の執筆者が他にあるだろうか。（兵庫　山根良司　73歳）

石牟礼道子全集・不知火■

▼『葭の渚』を読み、不知火の事を知りました。水俣は私の故郷の近くになり、水俣病は私の若い頃の出来事で、医師の原田正純氏は私達の演劇仲間でもあり、なつかしい人達が出て来て楽しく読ませて頂きました。今後とも益々貴社が発展され、良き本を出して下さい。（神奈川　松内孝義　77歳）

機■

▼『機』を毎号楽しみに読んでいます。そして啓発され、紹介されている著書を購入したくなりますが、最近読むのが遅くなり、一冊読むのに時間がかかります（これは読書時間を決めているのも原因ですが）。
　娘が月三日泊りに行く孫の住む下町を思いつつ、『環』59号〈特集・江戸・東京を問い直す〉を読みたいと申込みます。
（千葉　加瀬忠一）

※みなさまのご感想・お便りをお待ちしています。お気軽に小社「読者の声」係まで、お送り下さい。掲載の方には粗品を進呈いたします。

書評日誌（九・二～一〇・一五）

(書) 書評　(紹) 紹介　(記) 関連記事
(TV) 紹介、インタビュー

九・二　(紹)朝日新聞（夕刊）「セレクション・竹内敏晴の『からだと思想』トークイベント」（「文芸・批評」）

九・八　(紹)暮らしのGreen「携帯電話亡国論」（「書籍」／「電磁波汚染から身を守るため、心を守るため。ケイタイ・スマホの便利さを今一度考え直してみよう！」）

(記)共同配信「花の億土へ」（「環境と暮らし」／「祈りを捨てた現代社会」／「水俣と震災重なる」／飯尾歩）

九・一三　(記)朝日新聞（夕刊）（粕谷一希）（「『幸運な』出会いの積み重ね」／高重治香）

九・二〇　(書)図書新聞「グリーンディール」（「現代社会の危機に対し、オルタナティブとなりうる経済成長モデルを提唱」／泉留維）

九・二六　(書)週刊読書人「世界精神マルクス」（「学術・思想」／「インフォーマティヴな伝記」／「マルクスを切り口とした近現代の歴史書」／沖公祐）

九・二七　(記)毎日新聞（夕刊）「不知火おとめ」（「石牟礼さん第一作発見」）

一〇・一　(紹)朝鮮新報「闘争の詩学」（「悲観に立ち向かう『闘争の詩学』」／李芳世）

一〇・三　(記)朝日新聞（夕刊）「不知火おとめ」（「石牟礼道子さん小説第一作発見」／河原一郎、星賀亨弘）

一〇・七　(記)朝日新聞（夕刊）（津村節子）（「文芸・批評」／「岩橋邦枝さんお別れの会　作家ら悼む」／吉村千彰）

(記)産経新聞九州（山口特別版）「不知火おとめ」（「石牟礼氏の初作品？「不知火をとめ」発見」）

一〇・一三　(書)熊本日日新聞「『苦海浄土』論」（「読書」／「心に響く心で書かれた言葉」／若松英輔）

一〇・一五　(書)しんぶん赤旗「恋の華　白蓮事件」（「本と話題」／「家制度からの〝脱出〟」／西沢享子）

(記)デイアート「粕谷一希随想集Ⅲ　編集者として」（「逸冊！」／山本和之）

一〇月号　(記)文藝春秋「世界精神マルクス」（「今月買った本」／「最新マルクス事情」／池上彰）

(紹)ＰＯＰＥＹＥ「吾輩は日本作家である」（「TO DO LIST 九月のスケジュール」）

(紹)在「セレクション・竹内敏晴の『からだと思想』」（「随筆二題」）

(書)文藝春秋「吾輩は日本作家である」（「私の読書日記」／「人種という制約は越えられるか」）

(記)ふじのくに「環」58号（「生命科学の視点から考える、生きるとは、学ぶとは」）

『毎日新聞』二〇一四年九月二七日(土)付で、石牟礼道子さんの小説第一作発見の記事が掲載され、その後各紙で報じられた。昨秋、水俣市にある石牟礼道子さんの旧宅が取り壊された際、そこに残されていた文書類から発見されたもので、文書類は現在、渡辺京二氏らによって整理作業が進められている。

今月刊行する「不知火おとめ」に収められた未刊行の初期作品はすべて、渡辺氏によって見いだされた。若き日の石牟礼さんの日記や手紙は、その後の作品を生み出すに至る原石のようなもので、その筆力と表現力に驚かされる。本書の刊行により石牟礼作品の研究と再評価がより進むことを願う。

（編集部）

石牟礼さん第一作発見

女性の苦悩描く小説

自身モデルか

水俣病の受難を描いた「苦海浄土《くがいじょうど》」(1969年)で知られる作家、石牟礼道子さん(87)＝熊本市在住＝が、戦後間もない47年に初めて書いたとみられる未発表の短編小説「不知火《しらぬい》をとめ」が見つかった。自身を思わせる女性が主人公で、封建的な家族関係における〝近代女性〟としての苦悩と葛藤を描く。水俣病を通して「近代とは何か」と問いかけてきた石牟礼さんの思考過程をうかがうことができる重要な作品と言えそうだ。【鶴谷真】

石牟礼道子さん

石牟礼さんの執筆を支えてきた日本近代史家の渡辺京二さん(84)＝同＝が、昨秋に解体された熊本県水俣市の石牟礼さん宅の仕事場で発見した。400字詰め原稿用紙で56枚あり、末尾に「昭、二三、七、三」とある。これまでは、59年に懸賞に応募した「舟曳《ひ》き唄」が最初の小説とされてきた。石牟礼さんは現在パーキンソン病を患い闘病中で、存在が知られていなかったことについて渡辺さんは「本人も忘れていたんでしょう」と話す。

天草の島をのぞむ水俣らしき町が舞台。21歳既婚の「道子」が易者を訪ね、＜運命又は生命そのものへの倦怠《けんたい》をどうすべきかといふんです。あたしは生きてゆかなければならないと云《い》ふことに対して何等の確信もない＞と訴える。また恋愛や結婚を＜醜悪の極み＞とし、夫の「信之」の腕の中へ飛び込む幸せを拒否する自分について＜あたしの人生は、狂ったものであるのか＞と苦しむ。

石牟礼さんは執筆前の47年3月に20歳で結婚。本紙の99年の取材に「お嫁に行って家父長制、昔ながらの婚姻制度での女の歴史、人間とは何かに突き当たった」と語っていた。

渡辺さんは「自らの結婚への悩みを書いたものだろう。非常に面白い。彼女はこの煩悶《はんもん》を芸術家、表現者として突破しようとした。家庭を超えて、近代の人間のあり方を求めていく過程にある作品と言えると思う」と分析する。

「不知火をとめ」と同時に、小説の習作や詩を書き連ねた計15枚の「ひとりごと」(46年12月〜47年7月)も見つかり、11月下旬に藤原書店(東京都)が刊行する単行本に併せて収められる。

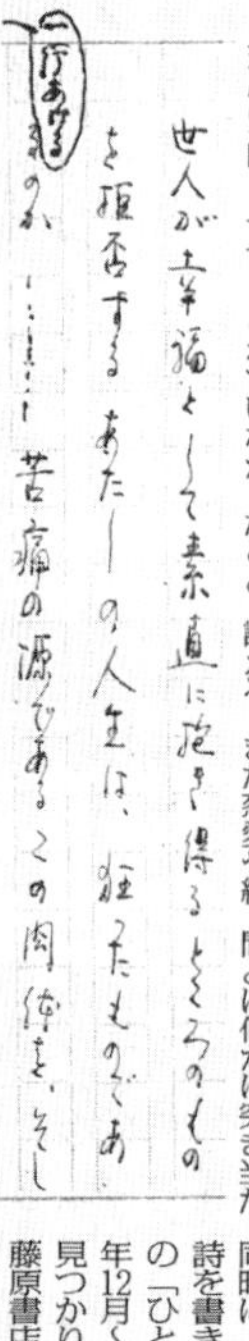
石牟礼道子さんの小説「不知火をとめ」の原稿から。主人公の「道子」が「あたしの人生は、狂ったものであるのか」と自問自答する＝藤原書店提供

一二月新刊

*タイトルは仮題

戦後日米外交の生き字引が初証言

戦後日米外交の舞台裏 上下

ある異色外交官の回想 1962–1992

有馬龍夫　竹中治堅編

約三〇年間にわたって主要な対米外交の現場に携わった、外務省きっての知米派外交官のオーラルヒストリー。日韓国交正常化、沖縄返還、第一次石油危機、FSX問題、日米構造協議、自衛隊PKO派遣など主要局面の実像を、戦後日米外交の「生き字引」が初めて証言する。

歴史から拭えぬ苦悩を、親鸞で読み解く

旧満洲の真実

親鸞の視座から歴史を捉え直す

張　鑫鳳

美しき故郷、長春は、日本人が築いた旧満洲国の街、新京である。医師であった父、満映に勤めた母の、新京での若き日々は、「満洲国」の盛衰とともにあった。父母の足跡をたどりながら、決して避けることのできない歴史の悲劇を見つめる。奪った日本人も、奪われた中国人も、歴史の傷は深く苦しいが、苦悩に寄り添う親鸞の視座から、何が学べるか。

一九三二年〜四五年の新京駅

戦後歌謡界を代表する作曲家の素顔

不滅の遠藤実

橋本五郎・いではく・長田暁二 編

「高校三年生」「星影のワルツ」「くちなしの花」「せんせい」「北国の春」など誰もが知る名曲を始め、生涯に五千曲以上を作曲、舟木一夫、千昌夫ら戦後日本を代表する歌手を育てた遠藤実。歌謡界初の文化功労者に選出され、二〇〇八年の没後には国民栄誉賞を受賞する等、圧倒的な評価を得る遠藤実の全貌を、生涯、人間像、業績、多くの関係者の証言から描く愛蔵決定版。◎七回忌記念出版

あなたの愛する人へ!!

動物たちのおしゃべり

山崎陽子　絵・ミルコ・ハナアク

チェコを代表する画家ハナアクの動物たちが、口々にしゃべり出す。珠玉のハーモニー。

大著『身体の歴史』へのいざない

身体はどう変わってきたか

16世紀から現在まで

図版多数

A・コルバン
小倉孝誠／鷲見洋一／岑村傑

「身体は客観的に変わり、その構造と生理学の考え方も根底から変わった。科学的知識の推移がその変化に大きく寄与したのだ。」(コルバン)

11月の新刊

タイトルは仮題、定価は予価。

不知火おとめ ＊
若き日の作品集 1945-1947　口絵四頁
石牟礼道子
A5上製　二一六頁　二四〇〇円

幻　滅 ＊
外国人社会学者が見た戦後日本70年
R・ドーア
四六変上製　二七二頁　二八〇〇円

ヨーロッパは中世に誕生したのか？ ＊
J・ル＝ゴフ　菅沼潤訳
四六上製　五一二頁　カラー口絵一六頁　四八〇〇円

日韓関係の争点 ＊
小倉和夫／小倉紀蔵／小此木政夫／金子秀敏／黒田勝弘／小針進／若宮啓文
小倉紀蔵・小針進編　跋＝高銀
四六判　三四四頁　二八〇〇円

一塵四記 ＊
下天の内　第二部
大音寺一雄
四六上製　三二八頁　二八〇〇円

12月刊予定

戦後日本外交の舞台裏（上・下）＊
ある異色外交官の回想 1962-1992
有馬龍夫　竹中治堅編

好評既刊書

旧満洲の真実 ＊
親鸞の視座から歴史を捉え直す
張鑫鳳

身体はどう変わってきたか ＊
16世紀から現在まで
A・コルバン／小倉孝誠／鷲見洋一／岑村傑

不滅の遠藤実 ＊
橋本五郎・いではく・長田暁二編

動物たちのおしゃべり ＊　オールカラー
山崎陽子　絵　ミルコ・ハナアク

『環　歴史・環境・文明』59　14・秋号 ＊
〈特集　江戸・東京を問い直す〉
青山佾＋片山善博＋中村桂子＋岩淵令治／宮脇昭／小沢信男／陣内秀信／中島純　ほか
菊大判　四八〇頁　三六〇〇円

岡田英弘著作集（全8巻）
5　現代中国の見方 ＊
月報＝マーク・エリオット／岡田茂弘／古田博司／田中英道
四六上製布クロス装　五九二頁　四九〇〇円

知識欲の誕生 ＊
ある小さな村の講演会 1895-96
A・コルバン　築山和也訳
四六変上製　二〇八頁　二〇〇〇円

世界の街角から東京を考える ＊
青山佾
四六判　四〇八頁　二五〇〇円

〈新版〉**学生よ** ＊
一八四八年革命前夜の講義録
J・ミシュレ　大野一道訳
四六上製　三〇四頁　二五〇〇円

粕谷一希随想集（全3巻）　完結
3　編集者として　［最終配本］
解説＝川本三郎
四六変上製　四三二頁　三二〇〇円

古文書にみる榎本武揚
思想と生涯
合田一道
四六上製　三三六頁　三〇〇〇円

全体史の誕生
若き日の日記と書簡
J・ミシュレ　大野一道編訳
四六変上製　三二〇頁　三〇〇〇円

汝の食物を医薬とせよ
〝世紀の干拓〟大潟村で実現した理想のコメ作り
宮﨑隆典
四六判　二二四頁　一八〇〇円

社会思想史研究38号　社会思想史学会編
〈特集〉**社会思想としての科学**
A5判　三二二頁　二八〇〇円

吾輩は日本作家である
D・ラフェリエール　立花英裕訳
四六上製　二八八頁　二四〇〇円

＊の商品は今号に紹介記事を掲載しております。併せてご覧戴ければ幸いです。

書店様へ

▼89年11月に創立、90年4月より創業した小社は、来春で25周年を迎え、総刊行点数も一〇八七点を超えました。この間の書店のみなさま方のご協力・ご支援に心より御礼申し上げます。これを機に、ぜひとも小社刊行物をさらに多くの方々に知っていただければと、25周年記念フェアのお願いを致したく何卒よろしくお願い申し上げます。▼ハイチ出身だが「カリブ海作家」ではなく、黒人だが「黒人作家」ではなく、政治的弾圧を逃れてカナダに移住したが「亡命作家」でもないという、国境や文学ジャンルを越え、しなやかでユーモアあふれる箴言に満ちた作品で世界の読者を魅了する**ダニー・ラフェリエール**、その存在そのものがまさに〈世界文学〉。▼8月刊ラフェリエール『**吾輩は日本作家である**』が、『週刊文春』10／30号で鹿島茂さんに、10／19『北海道新聞』で野崎歓さんに絶賛大書評！　同時刊行の『**甘い漂流**』ともに今後のさらなるパブリシティにもご期待を！　ラフェリエールを主軸に「〈世界文学〉とは、俺のことだ！」フェアをぜひ。　（営業部）

別冊『環』⑳刊行記念

なぜ今、移民問題か

労働、人口、そして日本の未来像の問題として、いま最も注目される「移民問題」を巡り、気鋭の論者によるシンポジウムを開催します。

〈パネリスト〉
中川正春（衆議院議員、元内閣府特命相）
藤巻秀樹（北海道教育大学教授）
石原　進（元毎日新聞論説副委員長）
宮島　喬（お茶の水女子大学名誉教授）
司会・**鈴木江理子**（国士舘大学准教授）

【日時】11月29日(土)午後2時〜
【会場】早稲田奉仕園
【会費】一五〇〇円(先着50名)
※お申込み・問合せは藤原書店　係まで

●〈藤原書店ブッククラブ〉ご案内●

▼会員特典は、①本誌『機』を発行の都度ご送付／②（小社への直接注文に限り）小社商品購入時に10%のポイント還元／③送料のサービス。その他小社催しへのご優待等。詳細は小社営業部まで問い合せ下さい。
▼年会費二〇〇〇円。ご希望の方は、入会ご希望の旨をお書き添えの上、左記口座番号までご送金下さい。
振替・00160-4-17013　藤原書店

出版随想

▼「平成の後藤新平出でよ！」という言葉がしばしばマスコミに登場したのが、東日本大震災の年である。十万余の生命が一瞬にして奪われた九十余年前の関東大震災。わずか数カ月で、焦土と化した東京を復興させた手腕に驚いて出た言葉だろう。しかし、この東京復興は、六年前に後藤新平を会長に「都市研究会」が開かれ、周到に準備されていた結果である。その二年後の一九一九年、国内で初めて「都市計画法」が作られ、四月五日公布された。後藤新平は、〝都市計画の父〟なのである。

▼後藤新平は、それだけに止らない。目に余る政党政治の腐敗を前にして、不偏不党の立場から、党派的偏見の打破と旧弊の刷新を訴える行動に自ら立ち上がった。大正十五年、没する三年前である。全国行脚の途に上り、第一回普通総選挙を踏まえ、「政治の倫理化」を訴えた。今日の政界も、「政治とカネ」問題に揺さぶられ、深刻さを増す現在の世界情勢の対応への真剣な国会の審議は滞っている。「政治とカネ」をめぐる問題は今はじまったことではない。百年前から同じことが繰り返されているのである。又ここで、先述した「平成の後藤新平出でよ！」が再び登場するだろう。

▼先日、編集者の大先輩、粕谷一希氏を偲ぶ会が、生前ご本人も好きだったという神田の学士会館で催された。会場には、生前氏と縁の深かった多くの文化人が列席された。ローマ在住の塩野七生、佐々淳行、田中健五、三谷太一郎、清水徹、平川祐弘、山崎正和、藤原作弥、五百旗頭真、小倉和夫、大宅映子、加藤丈夫、北岡伸一、陣内秀信、袴田茂樹、石川九楊氏ら約一五〇人。

▼記念品の中に、『中央公論』編集長時代の「編集後記」が集められていた。一九七四年一一月号〈特集・教育をどう建てなおすか〉の後記に、「今月は清水幾太郎氏から久々に全力投球の長篇を頂けたことを感謝したいと思います。（略）現在来日中のヨーロッパの特異な思想家イヴァン・イリイッチ氏もまた自動車、学校、医療といった具体的問題に省察を集中されているようです」とある。ほんとうに驚いた。イリイチの思想の全体を、国内で初めて拙が本にしたのが七九年。初の邦訳書『脱学校の社会』が出版されたのが七七年。しかも、八〇年暮れから年始にかけての来日時にお会いしたのが初来日だと聴いていたので、拙にとって、粕谷氏の一文は、青天の霹靂であった。粕谷氏は、真に「名伯楽」であった。　合掌　（亮）

のが、日本が「遅れている」証拠だというのが、学者のコンセンサスだった。六〇年代の後半、七〇年代の前半において、それが変わった。むしろ、日本的経営は日本が誇りにすべき優れたシステムだというのが、常識になってきた。「アマノジャク」の小池和男だけが、欧米の制度と日本の制度とは、実質的にそう違わないと主張し続けた。

私の日立・English Electric の比較研究の結果が本にまとめられたとき、それに対する反響は主に二つの点に集中していた。

1　日英の違いは、単なる（例えば個人主義対集団主義のような）異なった文化伝統に起因するのではなくて、「後発効果」ともいえる——一方でヨーロッパのような草分け工業化、他方で先進国をモデルとする後発工業化の違いにもよると。

2　すでに先進国が存在している世界における後発効果によって、より合理的な、効率的な経済構造ができる面もあり、先進・後進という普通のキャッチアップ過程にしたがって日本のシステムがイギリスのそれに接近してくるのでなく、イギリスのシステムが日本のそれに接近してきている兆しが多い。

それ以後は、主要な研究テーマではなかったのだが、その第二の主張について、見事に当てが外れてきた過程をフォローしてきた。一九八〇年以後のサッチャー、レーガン、中曽根の時代を全然予期しなかった。

どう変わったかといえば、

・英日ともに、当時かなりバランスが取れていた職場レベルの労使の力関係が、圧倒的に経営側優勢に方向が変わったこと。

・サッチャー・中曽根以来の新自由主義の上げ潮によって、組合加入率の低下、労働者の意識の変化、階級意識の軽薄化、組合活動に対する国家規制の強化など、少なくとも私には予想する力がなかったのである。

・特に日本では、企業組合の指導者を二、三年やることが、ますます経営者キャリアの一段階となり、日経連・経団連の巧妙な戦略によって春闘制度が破壊されたということも、そのバランスの変化を来たす大きな要因だった。

後発効果

ところが、その「予言」が外れたこととは別に、「工場」の本を書いて考えついた「後発効果」は、より一般的な分析道具となった。

いつだったか覚えていないが、アジア調査会のランチで、元総理大臣片山哲さんの司会で「開発問題」についてお喋りさせられて、「後発工業化」という言葉を使ったら、(英仏の草分け工業化と対照して)それは私の造語だと言われた。後に一般の字引きに入ったことばなのだが。ドーア製の造語だったかどうか知らないが、七〇年代、「工場」の本を書き上げると同時に、教育制度の発展を規制する「後発効果」に興味をそそられた。

『学歴社会 新しい文明病』[16]という本を一九七八年に岩波書店から出して、ほぼ同じ時に「日本は学歴社会でなく入試歴社会だ」[17]という雑誌論文を書いたのだが、その主張と後発効果との関係は、すでに一九六九年にフランスの元総理大臣フォール氏とライシャワー氏と一緒に、いわゆるOECD教育視察団の一員として日本に来た時から、いろいろ考えていた[18]。

その主張は、乱暴に要約すれば、こうだった。

1 官僚の高等試験、大企業の人事選択などは、人の知識、判断力などを選択基準とする。ところが、それを直接計ることができないから、入試で見るのである。つまり、どの大学に入れたかを代用指標として使う。しかし、立派な大学に合格して入る人たちは、真面目にものを習おうとする人ばかりでもないし、結局高校入試、大学入試の成績が一種のIQテストとして使われている。

2 すると、小中高の学校教育はますます、次の段階の入試でいい成績を上げるようにゆがめられてくる。社会の基本的知識、「自然」の美的・物理的理解など、一級市民となるに必要な内容を教えたり、習ったりする、本来の学校の使命がなおざりにされる。

3 そこで、乱暴な区別をすれば、「将来の仕事をするための自己開発の勉強(learning to do a job)」、および「仕事を得るため(就活)のための勉強(learning to get a job)」の区別が成り立つ。

4 イギリス、日本、スリランカ、ケニアという、工業化・近代化の出発点が遅れた順で検討すれば、後発であれば後発であるほど、自己開発の勉強より、就活のための勉強の方が大事にされ、よってその社会の開発の速度、社会連帯意識のあり方が違ってくる。

つまり後発効果が決して必ずしもいい効果ではないということである。

後発効果の国は、同時にモデルとなる国?

オイル・ショックの一年前まで、日本の対中政策が全く米国追随の線から脱しないことに対して大いに批判的だった私は、田中総理が中国に飛んで国交回復の交渉を完成した時は手を叩いて、アジアの平和への大躍進と判断した。

他にも、その頃の出来事で私が大いに感心して眺めた面があった。社会保障制度の歴史に詳しい人が、一九七三年を「福祉元年」というほど、医療、生活保護などいろいろな面で社会的公共サービスが強化された。一九五〇年、大内兵衛を会長とする社会保障審議会の事務局で働いていたガールフレンドがいた時代から、そういう面の官僚制度に興味を持っていた私は、かなり感心した。

公害問題、省エネルギー

もう一つ、その頃の日本で感心したのは、官政民（民とは主としてメディア）が一丸となって公害問題と対決しようとした姿勢だった。「コンビナート」という見慣れない言葉が、毎日のように新聞の見出しで踊っている。四日市の住民が訴訟を起こして、それが草分けとなって、日本のいたるところでデモ、暴動が起こった。大企業ががむしゃらで傍若無人な建設意欲だけを発揮して、結果として周りの住民の毎日吸う空気、毎日飲む水を毒するケースが次々と出てきた。

経団連などが、新しい規制が導入されたら、それでは事業が成り立たない、と自民党を通じていくら悲鳴を上げたとしても、やはり官僚が規制を押し通した。

その経験があったからこそ、一九七三年からの石油不足、つまりエネルギー問題に対処する準備ともなったのだ。一九八〇年の第二次オイル・ショックの頃になると、日本は省エネルギー模範国として世界で知られていた。私もロンドンの国際問題研究所の研究費をもらって——むしろ押し付けられて——、一カ月ぐらい日本の工場および官庁でヒアリングをして、日本の省エネルギー政策について小冊子をまとめた(19)。やはり、秘訣は官僚の、他の外国では見られなかった積極的なイニシアティヴによった。まず、企業の専門家を集めて「エネルギー管理」「電気管理」という二つの新しい「国家資格」のカリキュラムを作って、六カ月ごとにその資格試験を行なう組織を作った。そして、三本目の柱は、専門家採用の法律だった。各企業がその年間使用のメガワット、および蒸気に応じて、一人か二人か三人の国家試験合格者を採用する義務を負わせたのだ。

そのような経済官僚の見事な業績は、十年後に新自由主義思想がすっかり浸透して、官僚へのメディア・政党のバッシングが始まった時代になると、まったく忘れられてしまっていた。官僚の素質ばかりでなく、もう一つ、その短い研究で感心したのは、一般市民、一般労働者みんなが、国是としての省エネルギーに一生懸命になって政府の規制などに協力したことだった。今でもよく覚えているのは、中央線の電車で、甲府で十歳の息子に印象派の展覧会を見せて帰るお母さんの話である。「電気をなるべく使わないようにしなければならないそうですね」

と私が言ったら、彼女は「はい、そうです。夜ご飯の時には、前もって冷蔵庫から出さなくてはならないもののリストを作って、それを全部いちどに取って、冷蔵庫の扉が開いている時間を最低限にします」と言った。

ヨロズ屋として

以上のように、まったく専門外のエネルギー措置やＯＥＣＤの教育視察団に参加したり、いろんな雑用に脱線したが、ＬＳＥの社会学者としてのキャリア、特に日英の労使関係・雇用制度の解明を本職として続けていった。ところが、六〇年代の終わりに、先ほど触れた開発問題のセミナーを通じて、ますます貧困国の開発問題に研究のテーマが移っていった。

ちょうどその時期に、旧植民地の多くを独立させた六〇年代のイギリスは、特に開発援助増額に熱心であった。先に記録したように、一九六四年にイギリスの選挙で勝って組閣したウィルソン（Harold Wilson）が、新しく「開発省」を作り、有力な女性政治家カースル（Barbara Castle）を大臣とした。その開発省の次官シーアズ（Dudley Seers）、および経済局長ストリーテン（Paul Streeten）に、我々のＬＳＥセミナーに来てもらったり、私がローマで書いた『世界の農地改革』の提案を実施する可能性について相談したりしていた結果、一九六九年にサセックス大学でその二人が作った開発問題研究所（IDS, Institute of Development Studies）に私も呼ばれた。私の主要な関心は、もう開発問題に移りつつあったので、日立とEnglish Electricの調査を続けられるという条件で、転職することに決めた（LSEに残ったら、次の年には私が学科長となる番で、転職すればその雑用を逃れることができる、という動機も、なきにしもあらずだった！）。

同じ「近代化論」が出発点となったのだが、かなりのテーマ・シフトだった。LSEのあのセミナーばかりではなく、六〇年代に日本にきた時にも、国連のピアソン委員会[20]のメンバーだった大来さん、各国の開発援助額を引き上げようとして、途上国の開発官僚養成の機関「国際開発センター」の理事長となった大川一司さんなどと話をする機会も多かった。

近代化論は単なるアカ追放の「ライシャワー攻勢」だ、と思っていた人たちとも議論した。よく覚えているのは、一九五〇年、東大のアルバイト学生だった時、私の調査団のインタビュアーとして働いてくれ、後に名古屋大学の社会学教授となった北川隆吉氏がライシャワー攻勢弾劾の記事をどこかで出したので、長い手紙を出し、「人類の半分が一日二ドル以下の生活水準である時、日本の開発の歴史を研究することによって、彼らも工業化を加速させて、少し裕福になるためのヒントを得られるなら、意味のある仕事だ」と「諭した」ことである。

藤田省三との対談[21]を最近見つけたが、当時の日本のインテリの、さまざまなことについてのアンビバレンスをよく表している。特に混沌としていたのが、文化大革命の混乱から出つつある中国の見方であった。一方では、依然として、なっておらぬ国として、危険な共産党国家として、中国を見下げるような、米国志向の人たちが多数であった。他方には、依然として米国にいじめられた国に対する同情の念で、北京政府を安保理事会の常任理事席に座らせるという当然の権利を米国が長年いつまでも邪魔してきたという不条理に怒る人たち、中学の学校教育で中国の文学や古典に好感を持っていた人たち、そしてなんであろうがエキゾチックな文化に惹かれる人たち、つまり親中派は、結構日本に多かった。ただ、文化大革命における、熱狂的な学生の破壊的な暴れ方を、毛沢東に奨励されたからといって、是とする人は少なかった。ともかく、一九七二年にニクソンの北京訪問という爆弾的ニュースが入った時の日本のインテリの慌てぶりは見ものであった。

それを半ば楽しく傍から野次馬見物している態度を私は保ったのだが、今度は田中が中国に飛んで国交回復の交渉を完成した時は、私は手を叩いてアジアの平和への大躍進と判断した。

（1）津上俊哉、二〇一二年四月二十八日。www.tsugami-workshop.jp/blog/index.php?id=1335612336

（2）Ronald P. Dore, ”Textbook Censorship in Japan: The Ienaga Case”, *Pacific Affairs*, 43（winter 1970-71）. pp.548-556.

（3）東北大学職員組合「東北大学職員組合25年のあゆみ」一九七四年。http://www.tohokudai-kumiai.org/25th/25his4.html

（4）“On the Possibility and Desirability of a Theory of Modernization”, Ronald Dore ; edited by D. Hugh Whittaker, *Social evolution, economic development and culture : what it means to take Japan seriously*, selected writings of Ronald Dore, Cheltenham, UK; Edward Elgar, Northampton, MA, 2001.

（5）E. Herbert Norman, *Origins of the Modern Japanese State: selected writings of E. H. Norman*, edited, with an introd. on “E. H. Norman, Japan, and the uses of history”, by John W. Dower. 1st ed., Pantheon Books, New York, 1975.

（6）Maruyama Masao, “An Affection for the Lesser Names: An Appreciation of E. Herbert Norman (in Notes and Comment)”, *Pacific Affairs*, September 1957, pp. 249-53.

（7）R. P. Dore, ed., *Aspects of Social Change in Modern Japan*, Princeton University Press, Princeton, 1967.

（8）James Morley ed., *Dilemmas of Growth in Prewar Japan*, Princeton University Press, 1971.〔小平修、岡本幸治監訳『日本近代化のジレンマ——両大戦間の暗い谷間』ミネルヴァ書房、一九七四年〕

（9）R. P. Dore, “Function and Cause”, *American Sociological Review*, Vol. 26, No. 6, December, 1961.
http://www.jstor.org/discover/10.2307/2090569?uid=3738328&uid=2129&uid=2&uid=70&uid=4&sid=21101991402023

(10) Department of Economic Affairs, *Progress in Land Reform. Fourth Report. 1966 Edition. Ex-library Edition. 178 pages,* United Nations, 1966.
以下も参照。J. Bruce Irving, "The United Nations' role in Land Reform", *Section of International and Comparative Law Bulletin*, vol. 10, no. 1, 1965, pp. 37-45.
http://www.jstor.org/discover/10.2307/25743541?uid=3738328&uid=2129&uid=2&uid=70&uid=4&sid=21101991420123

(11) 今の字引で見つかりにくい言葉だが、マッカーサーが日本政府に対して、農地改革をやれと言った「覚書」で使われた言葉である。「数世紀にわたる封建的圧制の下、日本農民を奴隷化してきた経済的桎梏を打破」しろと。

(12) *Times*, 26 November, 1968.「ドーア居士タイムズ紙投書録」、R・P・ドーア『貿易摩擦の社会学――イギリスと日本』田丸延男訳、岩波書店、一九八六年、一八七頁。

(13) James C. Abegglen, *The Japanese Factory; Aspects of its Social Organization*, Free Press, Glencoe, Ill, 1958.

(14) 上述 p. zx,「社会的地位が世襲的身分よりますます業績によるものとなる。」

(15) R・P・ドーア『イギリスの工場・日本の工場――労使関係の比較社会学』山之内靖、永易浩一訳、筑摩書房、一九八七年。翻訳者、山之内靖氏の、ドーアを訳すのにどんなに苦労をするかを説明する序文もある。

(16) 元の英語の本がR. P. Dore, *The Diploma Disease : Education, Qualification, and Development,* University of California Press, Berkeley, 1976.

(17) 雑誌『のびのび』一九七八年八月号。

（18）その視察団の報告は、ＯＥＣＤ教育調査団編著、深代惇郎訳『日本の教育政策』朝日新聞社、一九七六年。
（19）R. P. Dore, *Energy Conservation in Japanese Industry*, Policy Studies Institute, London, 1982.
（20）Commission on International Development, *Partners in development; report*, Chairman: Lester B. Pearson. Commissioners: Sir Edward Boyle and others, Praeger, New York. 1970, c1969. 過去二〇年間の、先進国の開発援助の記録を分析して、将来大幅な援助額の引き上げが必要であると主張した報告で、かなり効果もあった。大来さんがその委員会の八人の一人でした。
（21）Ｒ・Ｐ・ドーア、藤田省三「研究と教育と社会」、『逆説としての現代——みすず・対話篇』みすず書房、一九七〇年。

第四部

オイル・ショックからプラザ合意まで

1973-85

第七章　官僚国家から市場国家へ

新自由主義の浸透（その1）　経済官僚の場合

外国人の日本についての研究で一番よく読まれている本の一つは、チャーマーズ・ジョンソン（Chalmers Johnson）の『通産省と日本の奇跡』（一九八二年）だった。[1] その出版の十五年あとで、彼の主要な概念「開発志向の国家」の遍歴について、彼が面白い論文を書いた。[2] 八〇年代の終わりまで、経済学の教科書は、依然として「西洋」の自由市場経済とソ連圏の計画経済の違いを主要なテーマとしていたのだが、彼はこう言うのである。

「私の意図は、同じ資本主義経済でも、一方英米の資本主義経済、他方日本および日本と同様な発展パスをたどってきた東アジアの他の経済との間に大きな違いがあるということを指摘しようとしました。」

そして逆説的に、その「日本型」は多くの点で英米で常識である効率性、合理性の原則に反する違いであるのに、日本の方が成長率が高いのはなぜだろう、と言う。

答えは——戦前からの通産省の歴史を通じて彼が提供している答えは——、戦前、戦中、戦後に、かなり優秀な、そして公共精神に満ちた官僚がいて、ほどほどの企業間競争を保障しながら、同時に経済全体の成長・海外競争力に貢献できるなら、企業間協力をも奨励するような「規制制度」を加えることができたからであると。彼らの「見える手」は、政策選択についての右手・左手の、半分は派閥的で、半分は知的だという食い違いは時々あっても、比較的優位な産業にしか専念できなくなる「市場原理まかせ」よりも、はるかにましであったと。

一九九七年の論文でジョンソンが強調したのは、一九八二年当時は通産省の役員の世界観が移り変わる時期だったということである。通産省を褒めている本をジョンソンが書いている、という報告が一九八一年にサンフランシスコ領事から通産省に届いたら、たちまち、英語のうまい役人に一章ずつ分けて、いち早く和訳を作った。日本語版（TBSブリタニカ）は、英語版の出版とほとんど同時期に出た。

ところが、一九八二年である。イギリスでサッチャー、米国でレーガンが、新自由主義革命を始めて、すでに二年が経っている。通産省にも大蔵省にも、優秀な若手官僚として、六〇年代、七〇年代に米国のビジネス・スクールや大学の経済学部の大学院で博士号やMBAなどを取ってきた、新古典派経済学に「洗脳」された世代の役人が、課長・局長に昇進する時期だった。

サッチャー、レーガンの時勢に逆らって、政府の介入を是として、ビジョンに沿った経済の発展を図る役人を偉人とするようなイメージが、日本にとってプラスなのか。むしろ、貿易摩擦の時代でもあるし、マイナスではないか、という考え方が通産省でますます強くなって、「ジョンソンの本は黙殺が賢明」という一派が強くなった。

一九九七年の論文で、スタンフォード大学出版の編集者とのやり取りが面白おかしく述べられている。編集者はどうしても、最後の一章で、日本から得た「教訓」を書いてくれと言うのに、ジョンソンは長く抵抗した。というのは、大正時代からの農商務省の歴史からたどってみると、そのような戦前の伝統がなかったら、他国で真似してみても難しいだろうからである。

しかし、韓国も、のちには中国も、日本の「発展志向の国家」を取り入れていたことは事実で、結局書いてしまったのだった。

そのような戦前のルーツの重要性の強調が、もとは日本の民族的優秀さを誇るために利用されていたが、のちには、官僚の介入を排除するための強力な新自由主義的論法に転じた。それには、元大蔵官僚の野口悠紀雄氏の有名な『1940年体制――さらば戦時経済』の役割が大きかった。一九九五年の本だが、小泉・竹中の「構造改革」の理論の土台にもなった。

一九八〇年代の話に戻ると、（第六章で引用した、元通産省役人だった津上教授のような）若手の多い「『通産省と日本の奇跡』黙殺すべし」の一派と、古い頭の年配の世代との対立を、NHKが城山の『官僚たちの夏』でドラマ化した。それを「軽蔑されるべきノスタルジア」と津上が評したほど（第六章参照）、前者の完全勝利に終わることははじめから確実だったのだろう。高齢化、隠退の原理によって。

しかし、長期戦だった。その「古い世代」の最後の代表的闘士は、二〇〇八年に次官として定年になった北畠隆生だった。任期終了に近い二〇〇八年に、話題になった講演をした。日本人が生産産業に興味を示さなくなって、株遊びの国民となったことを憂いて、デイトレーダーの愚かさを罵ったのが一番話題となったのだが、私に言わせれば、一番面白かったのは、北畠の演説の中のこの逸話である。

――ある重工の経営者が、ROE（株主資本利益率）が低いという非難に答えて何とか上げようと思って、米国の有名大学のMBAをもつアナリストに頼んだ。アナリストが言うには、一番いいのは利益が上がっていない部門をまず整理するんだ。造船部門は儲かっていないのだから売りなさいと。すると社長が言うには、いや、とんでもない。造船はわが社の原点だ。打ち捨てるのは会社の存在を否定するようなものだ。それなら、もう一つ儲からないのは、圧延加工設備の製造だ。閉鎖した方がいいです。いや、それもできない。それを作っているのはうちだけですから、止めたら国内の製鉄メーカーは困る。じゃ、仰るような独占状況なら、価格を上げればいいや。「ウーン、しかし製鉄屋さんたちとはいろいろ取引があって、重要なお客さんだから、そんな足もとを見るようなことはちょっと」と。経営の本質が、合理的利益最大化にあると教わってきたアナリストがさじを投げたそうです。――

しかし、おそらく、その経営者より十歳若い世代の将来の経営者は、同じようなウエットな答えはしないだろう。やはり利益最大化を至上命令とする気運が世を支配するようにだんだんなってきたのだ。

新自由主義の浸透（その2）「第二臨調」

ジョンソンの「開発志向の国家」は国家機構のあり方を指す概念だが、国家でなくて、日本の六〇～七〇年代の経済のあり方の分類を言えば、一九七〇年代のヨーロッパ諸国でよく使われていた「混合経済」――つまり一部市場任せ、一部国家指導――が適当だろう。

その混合経済から自由市場経済への移行は、役人の「行政指導」を減らし、国家規制を「事前許可」から「事後チェック」の形に変えるばかりでなく、国有産業の民営化も重要な側面であった。

自由市場への移行が急に加速したのは、大平内閣が消費税導入に失敗した一九八〇年から、中曽根内閣が形成された一九八二年のあいだである。それを推進した主要な人物は、中曽根康弘および土光敏夫であった。

重要な転換点は、一九七九年の選挙で大平内閣が提唱していた、消費税案の失敗であった。それまでは、社会保障費、医療制度費、環境改善費を少しずつ増やし、公共支出がGDPの四〇%くらいという、ヨーロッパ並みの福祉社会を構築するのが、日本の政官財界の、共通の未来図であった。しかし、消費税案の失敗は、急にその未来図の実現の難しさをまざまざと証明した。

そして、皮肉なことに、もっとも福祉国家建設に熱心だった社会党・共産党が、消費税導入のもっとも激しい反対者であった。もっとも、貧乏人の日常生活を圧迫するより、先に法人税引き上げ、貯金課税などを主張してつじつまを合わせた人たちもいた。

とにかく、大平が突然死んで、鈴木善幸内閣となった。行政管理庁長官となった強引な政治家、中曽根が、鈴木内閣の雰囲気を作った一番の有力者だった。それを利用して、政府の主要な課題を再定義するのに成功した。今までのように国庫収入増幅ではなく、国庫支出削減にあるという雰囲気への転換を成し遂げた。

同時に、グローバル思想界に一番影響が強かった、英語圏である米英の「思想界」において、重要な政変が行なわれた。

サッチャー総理就任　一九七九年五月

鈴木内閣誕生　一九八〇年七月

レーガン大統領就任　一九八一年一月

短時間の間に、以上に述べたような、ケインズ主義的財政操作、所得政策、物価政策を伴う混合経済が起こり、エリートの大半が公務員の給料で満足していた混合経済の終焉を告げる二年だった。日本にも、官僚無能論、官僚企業精神不足論、民活必要論、インセンティヴなしでリスクをとる人がいない論、「小さな政府」論が盛んになった。同時に経済学界で、景気操作は財政政策を手段とすることをやめ、金融政策だけに頼るべしというシカゴ学派に追随する者が多くなった。

新思想を媒介したのは、いわゆる「第二臨調（第二次臨時行政調査会）」だった。これは、鈴木内閣の行政管理庁長官だった中曽根氏が精力的に推進した結果として設立されたものである。設立のすぐ後で、中曽根が総理大臣となって、臨調の優位性がさらに強調された。

臨調設立の法律で、大臣の「諮問」とされた文章はかなり抽象的で、支出の節約、高度の効率化、新財源の開発などを謳っていた。しかし、それはすぐに具体化された。会長として土光敏夫が任命された。もと経団連会長で、その質素な私生活および、決して歯に衣を着せない評判で有名で、いわば英雄化されがちな人物で、彼をおいては適当な人がいなかった。

総理の依頼で会長就任を頼まれたとき、土光は四つの条件をつけた。

まず一つめは、総理が答申の実行を約束して、約束の責任を引き受けること。

続いて二つめは、「行政改革に対する国民の期待は、きわめて大きなものがある。アメリカのレーガン政権を見習うまでもなく、この際徹底的な行政の合理化を図って「小さな政府」を目ざし、増税によることなく財政再建を実現することが、臨時行政調査会の重要な使命の一つである」。

三つめは、改革は地方政府にも及ぶべしということ。

そして四つめは、「またこの際、3K（国鉄、国民健康保険、コメ＝食管会計）の赤字解消、特殊法人の整理、民営への移管を極力図り、官業の民業圧迫を排除するなど民間の活力を最大限に活かす方策を実現することが肝要である」。

そこに、以降の新自由主義者の主要なスローガンがすでに明記されている。財界のバックが一〇〇%だと。

「財界も「行革推進五人委員会」を設置して、土光臨調を全力でバックアップする体制を整えた。土光の後任の経団連会長・稲山嘉寛が、土光を臨調会長にすえるべく口説いた際に、「オール財界」で支えることを約束したからである。」

（菊池信輝『財界とは何か』平凡社、二〇〇五年）

そして臨調の答申の多くの部分が実行された。国鉄の分割、民営化の目的は、役人より経営能力の優れた民間人を経営者とするより（新経営者はほとんど国鉄で育った人たち）、また国民に効率的なサービスを提供するという目標を、営利を高めるという目標に置き換えるというよりも、民間資本で借金を解消しながら、頻繁にストを起こす国鉄の諸労働組合の力を壊すことであった。国有から民有への移行で首を切られた千人以上の賠償の裁判沙汰が延々と続いて、四半世紀後、民主党が天下を取った二〇一〇年に、やっと政府の介入で和解に終わった。

電電公社、専売公社の場合、分割はなかったし、さほど労使紛争によるトラブルもなく、一時的ではあっても国庫収入を潤した。患者負担分を増やすことによって、健康保険の赤字も解消された。

ところが、民活論は圧倒的に財界・メディアを席捲するようになっても、欧米に比べて、国家の役割を完全に排除することに躊躇するところもあって、生半可な状態が残る例も少なくない。専売公社は大体普通の会社のようになったのだが、発行株式の半分を国家が持っている。北海道JRは他のJR会社と同じような会社だが、株を全部もっているのは国家である。いつだったか、札幌で総裁にインタビューして、「年次株主総会に誰が来ますか？」と聞いたら、「経産省の何局長でしたっけ、ちょっと名刺を取ってきますから」という返事だった。郵政の場合は選挙に大きな影響力を持つ郵便局長の「全特（全国郵便局長会）」の横槍という特別な事情があるのだが、依然として決着がつかない。

安全保障と「日米同盟」

混合経済から自由市場経済への転換にともなって、アメリカへの協力を半ば渋っているともいえる「沈没させられる危険のない航空母艦」を提供する国から、アメリカの親しい同盟国へという、もう一つ重大な転換も同じ時期に進行した。同じように福田内閣が大平内閣に譲った時点を移行の基点としており、鈴木善幸内閣の時代に、どちらかといえば「頭が古い」総理の意向に反して、少しずつ推進され、中曽根内閣の時に総理が積極的に完結したものである。

象徴的だったのは、日米安保条約体制が「日米同盟」と呼ばれるようになったことである。大平内閣時代も時々使われる用語だったが、例えば大平がワシントンに行った時、共同声明では使われていなかった。ところが鈴木善幸の時代となったら、日本の外務省、そして、貿易摩擦をますます心配する通産省などでは、もう「同盟派」が優勢になっていた。共同声明では日米関係は「同盟」として謳われていた。

鈴木氏はもともと平和主義者に同情する人で、記者会見をした時に、「同盟といっても、必ずしも軍事的意味は含まれていない」と言った。外務大臣の伊東正義が、「軍事同盟の意味合いが含まれているのは当然だ」といって、辞表を出した。

一九八二年の鈴木内閣退陣で総理大臣となった中曽根康弘は、同盟という言葉、そして「同盟」が軍事的意味を含むことを、むしろ熱心に推進した。「日米関係」でなく、「日米同盟」が普通の用語となった。なるべくただ乗りで米国に守ってもらうのではなくて、米国と価値を共にする国として、米国と団結して、自由世界の敵であるロシアや中国に対して、断固として対抗する。しかも、日米の相対的軍備には大きな違いがあって、日本に米国の基地が存在し、米国に日本の基地がないという非対称性にもかかわらず、原則として同等な主権国の間の平等な関係であるというのである。

いまだに抵抗感を感じる、最高裁などで憲法違反となる「集団的自衛権」の可能性をめぐる論争は、その平等性のさらなる追求を動機として、このときから盛んになり始めるのだ。レーガン大統領・中曽根首相が、ゴルフ相手として非常に気があっていたという「ロン・ヤス関係」が、そのような新時代を象徴した。

最近掘り起こされた資料だが、米兵の犯罪の取り扱いなどについての「日米地位協定」が話題になった時、ツイッターなどによると、一九五二年、「日米地位協定」の前身である「日米行政協定」に「要するに、日本をアメリカの植民地にすることですナ」と批判したのは、中曽根康弘議員だったという。

結局、以上に述べた新自由主義への移行も、米国との軍事的協力への意欲の変化である。「集団的自衛権」をめぐる動きは、敗戦国日本が、植民地でもなく、衛星国でもなく、戦勝国米国と同格の大国であることを主張したいナショナリズムの動機から生まれてきたのだ。

その意味で、中曽根内閣のスローガンの一つとして「戦後政治の総決算」としたのは、まさにその通りであった。

（1）チャーマーズ・ジョンソン『通産省と日本の奇跡』矢野俊比古監訳、ＴＢＳブリタニカ、一九八二年。

（2）Chalmers Johnson "The developmental state: odyssey of a concept", in Meredith Woo-Cummings ed., *The Developmental State*, Cornell, Cornell University Press, 1999, pp. 32-60. ジョンソン氏は晩年、主として米国の覇権主義、帝国主義を弾劾する本を書いた。特に注目されていたのは、二〇〇一年に、今のアフガニスタンの泥沼を予言した *Blowback: The costs and consequences of American Empire.* である（Chalmers Johnson, *Blowback: the costs and consequences of American empire*, Metropolitan Books, New York, 2000）である。

第八章　日本を真剣に考える

労働における日本とイギリスの相違点

七〇年代の後半、英国に住みながら、時々日本に旅行していた私は、両国の大きな違いを強く意識せざるをえなかった。すでに、一九七三年に出した『イギリスの工場・日本の工場』（筑摩書房）は、企業組織を比べれば、労使関係の点で、雇用条件の点で、給与制度の点で、昇級制度の点で、権力を裏付ける正当性の点で、どんなに大きな違いがあるかを述べたものである。そして、どちらかといえば、学者より、いわゆる「公共インテリ」を目指している私は、「日本とイギリス、どちらの方がいいか？」という問い合わせに対して、答えを迫られているような気がした。この工場の本では、日本のよい点について、このように要約した。

1　日立のいい面の一つは、企業の雇用者の間のかなり平等な関係である。手で働く者も頭で働く者も同じ「社員」で、差別が最小限にかぎられている。

2　イギリスでは、中流階級だけが終身昇給を受け、収入が家族維持費の膨張に並行して上がる。日本では普通の労働者もそうだ。

3　マグレガー（Douglas MacGregor）の、〈X理論〉（人間がよく働くのは、ただ金銭的・物質的に適当なインセンティヴ、罰という適当な制裁があればのみという説）対〈Y理論〉（被雇用者も雇用主も、ある程度まで目標をともにして、なるべく「やりがいのある」雰囲気で働けると、より効率的に働くようになるという説[1]）という観点からみれば、日本はY理論、イギリスはX理論といえる。

4　その結果、大抵のイギリスの企業では、「働き甲斐がある、自分の能力を発揮することで充実感を感じている」というような人はお人好しだ、という雰囲気なのにたいして、日本ではそうではない。

5　日本の方が、労働生産性・成長率の向上をはかり、雇用者の生活水準を少しずつ高めるのに成功するようである。

他方で、次のような点もある。

1　イギリス文化では、労働の手段化——発電機や洗濯機を作ることは必ずしも人間としての最高の生活目標でない、という前提に立っており、自分だけのプライヴェートな趣味、個人的な主義・思想を表明するスペースをより残す。仕事と関係のない余暇の付き合い、スポーツ、政治活動、美術の鑑賞などがより優先されている。

2　特定の組織での終身雇用の保証がないから、各個人の自力更生の精神を生む。結局、当てにできるのは自分の能力、自分が市場において売ろうとする技能である。あるいは、それに不満なら、社会を変えようとする、労働組合などの平等的団結がある。そうして、独立独歩の精神、権威に抵抗するべきと思えば抵抗する、という精神を育む。

「それで、総括するとどちらがいいか?」と当然聞かれる。はっきりした返事は避けてきたのだが、この本が和訳された時、新しい序文でこう書いた。

「総括して日本のシステムの方がいいと思います。しかし、私がそのシステムの中で生活する必要がないことを幸いに思います。」

おそらく、私が書いた文章で、最も頻繁に引用された一くだりだろう。そのシステムが半分崩壊した今は、なおさら幸いに思う。

マクロの面での相違点も

企業組織というミクロの面での日本と英米との違いばかりでなく、マクロの面――財政、官僚制度、経済変動、教育制度、貿易政策など――についての英米と日本の相違点、そしてその点をどう説明するかを説くことにも、大いに興味を持った。説明のポイントとして、島国の長い歴史の経験によってはぐくまれた文化、工業化・近代化が始まった世界史における時点の問題（後発効果）、賃労働か小作経営かなどの農業の形態、等の諸要因の他に、普通の社会学者が取り上げるのに躊躇する、基本的に遺伝子の違いによる国民性も考慮にいれて、それらの絡み合いを説くのをテーマとした。

ロンドン大学からサセックス大の開発問題研究所に移ってから、欧米と日本の違い――特に教育制度、労使関係制度の違い――において仮定していたその一つの要因「後発効果」が、日本よりさらに後発であるスリランカ、セネガル、メヒコで、どういう形で現れてくるかを主な研究テーマにしていた。労使関係の方の研究の総括は本にならず、長い論文だけだったが、教育制度については『学歴社会　現代の文明病（*The DiplomaDisease*）』（岩波書店）となった。[2]

そういう研究は、もう一つのテーマをみちびき、『弾力的硬直性（*Flexible Rigidities*）』という本を出すきっかけともなった。

研究所で、自分のテーマの研究をすると同時に、ＩＬＯなどの視察団の一員として、調査に出かけた国にアドヴァイスを提供することもあった。良心的に、自分が役に立つはずだと思う提言をすることが可能であったし、することにやりがいを感じた。

しかし、十年経ったら、たいていの開発国が大学を作って、現地人の官僚の中には、社会学部の卒業生で教育や労使関係の専門家もかなり多くなった。「開発援助はお金でくれ。先進国のいわゆる専門家のアドヴァイスは、何も要らない」ということになった。

研究対象のシフト

そのようにして、アジア、アフリカに調査に行く機会が限られてきていたので、発展途上国に行かずに貧乏国の開発に一番貢献できそうなのは、一九七四年にできたＭＦＡ（Multi Fibre

Arrangement）の実施状態を研究することだと思い立った。MFAによって、先進国が、発展途上国からの繊維の輸入割り当てを少しずつ上げることを約束したが、その輸入割り当てをより早く増加できるよう、自分の国の衰退産業となっている繊維産業の人たちの苦労――そして抵抗――を少なくする「産業調整」の政策がどうあるべきか、というのが取り上げた課題だった。アメリカの財団からイギリス、フランス、日本という三カ国の比較調査のための研究費をもらった。

ちなみに、こうして先進国研究の経験を積んだことが、サセックスの開発問題研究所から、開発問題よりもっぱらイギリスの経済の刷新策を対象とするロンドンの技術変化センター（Technical Change Centre）へ転職するきっかけとなった。転職には、加えて、前のセンターに対する不満を動機としていた。というのは、いわゆる依存関係説（Dependency Theory つまり貧乏国がより裕福になる可能性は少ない、貧乏であることは先進国の資本家および開発国自体のエリートが結託して貧乏人を抑えているからだという、マルクシズム延長の理論）がサセックスの研究所の同僚の中で流行ったことだった。それが流行った理由としては、あまりに抽象的な不毛な理論、対立の空論で時間を空費していたからだった。

弾力的硬直性

さて、『弾力的硬直性（*Flexible Rigidities*）』で、私は何を示そうとしていたのか。例えば、大きな企業でも、不景気の時には、簡単に人員整理が難しいからこそ、事業転換・多様化の努力を生むこと。下請け企業は、サービス精神にたけているという理由以外に、切り捨てられにくくなるので良心的に一生懸命に働くのだ——などという論法である。つまり、前章で引用した北畠次官の演説から引用した事業方針を指すのだった。

前章で触れたチャーマーズ・ジョンソンが、自分の「開発志向国家」の概念の遍歴を書いた一九九七年の論文で、私のその『弾力的硬直性』の序文から引用している。

「逆説的に見えるのだが、イギリスの出版社がもしアダム・スミスやリカードの本を出版すれば、初版の半分くらいは日本の学者に買ってもらえるのがほとんど確実なのに、日本人は例の「見えざる手」の働きを実は、まったく信用しないのである。[3]それなのに、OECD諸国の内で、いわばその「硬直性」を誇りにする日本が、七〇年代の挑戦への調整——石油価格の上昇を消化し、インフレを低く管理し、生産構造における斜陽産業から新興部門への比重の調整など——で、一番成功しているのはなぜだろうか。」

答えは、ジョンソンがいう開発志向の、かなり賢明な行政指導を伴う産業政策、および私が着目した、市場で競争すると同時に、ある程度取引相手への「思いやり」で対処する傾向という二つの要因が働いているからだったと思う。一九七五年には、英日ともにインフレが同じ二三%だったが、日本では、経営者・組合・政府の話し合いがうまく行って、二年で一桁に下げることに成功した。イギリスはサッチャー首相の一九八〇年の厳しいデフレ策まで、依然として二桁なので、イギリス人の私は余計日本の景気操作の効率に感心した。

そして、効率ばかりではなくて、住みやすい社会の条件としても、私は日本型の資本主義を評価していた。「善意および市場資本主義の精神」[4]という題で、一九八三年に「思いやり」、「義理」、「協力」の日本における重要性・効果を取り扱ったホップハウス記念講演が、私が書いた論文の中で一番頻繁に引用されたり、論文集に編入されたりした論文だろうと思う。

幻滅の始まり

一九八〇年代の前半は、私の日本に対する好意が冷め始めた頃であった。中曽根氏の「小政府・大軍備主義」や、米中対立における日本の決定的な米国加担や、民営化の動きには、

1　教条主義的な新自由主義の表明、

2　増税せずに、予算の赤字を一時的に埋める方法、
3　国有の五現業の労組を潰す

という動機が裏にあった。つまり、国民へのサービスの効率化よりも、以上の目的を優先的に目標としていた。それを非常に残念だと思った。

もう一つは、国際会議・シンポジウムなどで、日本の政界・財界などの代表が、昔の低姿勢を打ち捨て、日本が今にもナンバーワンになるという自信爛漫の態度を見せる人が多くなったことであった。つまり、能、浮世絵、建築、茶道などの工芸・美術を誇る日本でなく、また、かなり平等的な、社会連帯意識の高いことを誇る日本でもなく、ただ富と権力の日本を誇りにする傾向が見えてきたのだ。

エズラ・ヴォーゲルの『ジャパン・アズ・ナンバーワン』が一九七九年に出たのだが、『ニューヨーク・タイムズ』紙で私は書評を書いた。書評の最後の文章には、「神様よ。この本が怒らせる愛国者のアメリカ人からヴォーゲル氏を守ってください。べた褒めをする日本の友人からも」と書いた（すごいベストセラーになったことへの嫉妬も、多少入っていたかな）。

「おごる日本人」の現象は、特にプラザ合意までの数年、ドル高・円安で、日本が多大な貿易黒字をためていた時の現象だった。プラザ合意の結果、円・ドル為替が倍以上高くなったた

め、輸出産業への打撃で、二年間景気が悪くなった。感心すべき速さで、また景気が回復したのだが、地価の上昇率への注意が足りなかった。上昇率が一九八三〜八四年に一〇％だったのが、不景気で二〜三％に落ちていて、一九八七年から急に離陸して、バブル現象が始まり、政府、日銀が制御策を講じる意向も能力もないまま、一九八九年には年上昇率が二〇％となった。それを制する方向に日銀が動きたくなかったのは、バブルで成長率も上がるからという短期的政策の結果でもあっただろう（バブルによる自分の土地・株の市場価値の上昇が、裕福感を生み、消費を刺激する。総需要を高めて、それに見合う生産も上昇する）。

ところが、「永遠上昇神話」は、時間が経つにつれて、非現実的に見えるようになって、それへの期待が薄くなる時が来る。一九八九年に薄くなり始めて、一九九一年に完全になくなった。地価と馬跳び上昇をしてきた株価は、それより早い調子で暴落した。一九九〇年一月、四万に近づいた日経平均が、年末にかろうじて二万四千を維持していた。バブル破裂が経済に与えた損害は、次章で検討する。

日本を真面目に検討する

それでも私は、日本の制度・社会構造のいろいろな面を好意的に解釈する本『*Taking Japan*

Seriously（日本を真面目に検討する）』という本を一九八七年に出した。英語版よりもイタリア語版の方がインパクトが少し大きくて、幾つかのシンポジウムに招待された。日本語版も出したいと思ったが、訳は、出来しだい一章ごとに、私に見せて訂正させてくれる約束だった。しかし訳があまりにひどくて、訂正の作業があまりに重荷になり、七章くらいまでやったところで、「もういいや」と匙を投げた。

本の趣旨はこうだった。いくら『ジャパン・アズ・ナンバーワン』まがいに、日本の制度が優れているといっても、それを真似しろということは、場合によって無理であり、場合によって無理ではない。日本の——集団主義といえようか——思いやり、義理、持ちつ持たれつ、の文化で育った日本人が作った制度は、「個」の独立、個人主義を重んじるイギリスに移して同じ行動を求めるのは無理である。しかし、例えば日本型のQCサークルをどう変えれば、イギリスで受け入れやすくなり、同じ生産過程改良の効果を得ることができるか。あるいは管理職の権威を高めるのに、イギリスでは管理職―労働者の距離を大きくするより（例えば食堂を別々にする）、日本のように食堂・社服を同じにして距離を少なくしようとする意識的な努力をすれば、モラルも効率も上がるかもしれない、と。

もう一つ大きくとり上げたのは、例えば日本の春闘だった。特に春闘という制度の中心的要素――つまりあらゆる部門の賃金交渉が四月一日をベース・ラインとすること、当時の英国でSynchropayと言ったのだが――の導入は、イギリスのような強力な政府だったらできるのである。その妙味は、賃金交渉の数カ月前に、シンクタンクやメディアで、過去のインフレに見合った調整、将来予想されるインフレはどうか、など議論が尽くされ、「春闘相場」は「何％ベースアップ」となるだろうという、一種のコンセンサスを持って、企業レベルの交渉に入ること。労使ともに同じ常識を共通に持って交渉することである。

一九七〇年代のイギリスでは、石炭が一月、鉄道が四月、鉄鋼が九月という調子で交渉することが伝統だった。六～七％のインフレが進行しているとしたとき、一月の交渉でのインフレの期待が、六月には変わっているかもしれない。つまり労働組合の要求に、共通の「世間相場」という意識が入らないインフレの予想は、規制のない力ずくの交渉につながる。一九七〇年代にはそれを、インフレを加速する「馬跳び（Leapfrog）効果」と言った。

一九九二年、イギリスの総選挙の時、同じ趣旨をより詳しく説明するパンフレットを、稲上毅および酒向《さこう》真理に手伝ってもらって、労働党関係の研究所から出した。労働党が負けたのに、勝ったとしても、取り上げそうな兆しは一つもなかった。

ストライキもできない労働組合

春闘で強引に交渉して、場合によっては半日・一日のストライキで要求を追求するような活発な組合は、主として総評系の組合だったが、この時期に民間企業の総評加盟の組合が一つ一つ総評から脱退して、より協調的な「同盟」という、民社党と関係の深い組合連合体に移っていた。そして総評がますます公共部門だけの団体になった。ついに、総評が解体して「同盟」と合併して「連合」（日本労働組合総連合会）ができたのは一九八九年だったが、それが当然の帰結になることは、かなり前から予期されていた。予期できなかったのはおそらく、その最初の書記長、山岸章氏が翌年勲一等瑞宝章を贈られたことだろう。

これでもって、日本の体制派が労働組合を馴らしてしまったといえる。総計八百万人をメンバーとする「連合」に比べれば、まだ多少、階級同胞意識を保ったのは、共産党系の全労連、および社民党に近い全労協、各々百万人である。争議を仲介する地方の労働委員会の労働者代表は、圧倒的に「連合」系だが、不当労働行為の訴えの申し立て人は全労協、全労連関係が多い。

このような労働組合の力の衰退は、もちろん新自由主義への傾斜の一環だったが、日本だけの現象ではもちろんない。ヨーロッパでも、労働組合の法的地位が高いドイツでも、相対的な弱体化が見られる。共通の原因は、教育制度の発達、教育機会均等の原理にあるだろう。日本なら、戦後の十年間は、十五歳の青年の半分以上が、中卒ですぐに就職していた。その中には、大変優秀で、進学すれば余裕綽々《しゃくしゃく》と立派な国立大学に入れるが、家が貧乏で、若いときから稼ぎ始めなければならなかった人が多かった。そのような人の中から、知性ばかりでなく、人物として優れた人たちがその世代の組合の書記長となったり、経営者と対等の立場で話ができたりしたが、一九八〇年以後は、それだけ優秀な人なら、学校の先生たちが親と相談したりして立派な大学に入って、直接に経営陣の兵卒になる。三十何歳で、人事部の人が肩を叩いて「君、しばらく組合をやってみないか」と言うかもしれないが……。

米国留学

以上の経過が、日本社会の重心が、徐々に右傾化し、新自由主義的になってきたメカニズムのひとつだったに違いない。もう一つの重要なメカニズムは、米国留学だった。

一九六〇年から、富裕層の息子で、日本のいい大学に入学する見込みがなくて、親のお金で留学する人も多くなったが、それ以外に、官庁、大企業が社費で、毎年、新社員の一番優秀な人を幾人か、ときどきはヨーロッパだが主として米国へ、MBAや経済学・政治学の修士・博士号をとりに送られた人が大勢いた。

その「洗脳世代」の人たちが、いよいよ八〇年代に課長・局長レベルになり、日本社会のアメリカ化に大いに貢献できるようになったというわけだ。そして、日米同盟の深化にも。

（1）Douglas McGregor, *The Human Side of Enterprise*, McGraw-Hill, New York, 1960.

（2）Ronald Dore and D. Hugh Whitaker, "Industrial Relations in Japan and Elsewhere", in Albert M. Craig ed., *Japan, A Comparative View*, Princeton University Press, Princeton, 1979.

（3）Ronald Dore, *Flexible Rigidities: Industrial Policy and Structural Adjustment in the Japanese Economy, 1970-1980*, LondonAthlone Press, London, 1986.（『弾力的硬直性——一九七〇—八〇年における産業政策および構造的調整』和訳なし。）

（4）Ronald Dore, "Goodwill and the Sprit of Market capitalism", *British Journal of Sociology*, Vol. 34, No. 4, December, 1983, pp. 459-482.

第五部
プラザ合意から橋本内閣の誕生まで
1985-97

第九章　民愚官賢、民弱官強の最後の時代

バブル崩壊

日本経済は他国（例えば米国、イギリス）に比べて、達磨《だるま》さんの七転び八起きくらいの構造的丈夫さを、この時期に三回証明することができた。第一回は、イラン革命などの予期できなかった原因による、一九八〇年の第二次オイル・ショックのとき。第二は、プラザ合意で急に円が五割円高になったときだった。そして第三は、資産価格のバブルが破裂した一九八九年である。「失われた二十年」などというセリフを好む人たちは、このバブルの破裂こそ、戦後経済史の分岐点とするだろうが、私は一九九七年をより重要な分岐点とする。なぜかといえば、一九

九〇年以後のバブル破裂後の不景気対策は、前のあらゆる不景気と同じケインズ的政策を取ったからである。

行政指導により、首切りを少なくして、雇用を維持すること。賃上げをなるべく進めること（一九八三～八九年の雇用者一人当たりの収入上昇率は三・三だったのが、一九九〇～九七年まで、確か平均一・三％に下がった。これでもまだ上昇型で、下降型になったのは一九九八年以後だった）。そして日銀に働きかけての、低金利、同時に公共事業の拡大の勢いは相当なものであった。公共事業投資は一九八三～八七年は平均六七兆円だったのが、バブル景気で一九八七～八九年に平均七四兆に上がり、バブル後の三年は平均八二兆、一九九四～九七年は平均百兆まで上げた。一九九〇年の国債残高の四四四兆円が、一九九七年には五七六兆円となっていた（もっとも一九九四年以後の公共事業投資の増大は、経済刺激策のつもり以外に、アメリカの「ジャパン・マネーが海外に流れてドル支配に挑戦するより、国内で使え」という要求への答えでもあった）。

オイル・ショックによる一九八一年の輸入価格の上昇を原因とする調整を確保するのに、このような政策は効果的だった。二年で混乱が落ち着いて、前のような成長率を取り戻した。一九八五年のプラザ合意の、円高による輸出産業への打撃も同様。円・ドル為替レートが五〇％円高になっても、輸出の伸び率が、一九八四年に前年比一三・二％だったのが、しばらく増進ゼロに近くなりはしたが、一九八九年に前年比は四％以上に回復した。

バブル破裂が、より深刻な挑戦だった。治療により時間がかかるのは当然であった。しかし、一九九六年になると、大蔵省の待望を満たすべく、村山内閣において消費税引き上げがいよいよ決定できるほど、経済が回復していた。実施は橋本内閣になってからだったが、税金引き上げがもたらす需要低減の、景気に対する悪影響は、短期間で自然治癒するというもっぱらの予想だった。

その予想が外れたのは、タイ国で始まったアジア危機のせいだった。国内の不良債権をほどほどに自力で解消してきた日本の銀行が、東南アジアなどへの多額の債権が不良になる、という新しい挑戦的事態に直面した。同時にアジアの市場の混乱・縮小のために、アジアへの輸出が大きな打撃を受けた。その時点で、景気対策およびその裏にあった支配的な思想が、一変した。構造維持・ケインズ的調整ではもう駄目、不良企業（いわゆるゾンビ企業）を倒産させろ、「構造改革」しかないという方向へ、政官財界が傾いた。

その政策コンセンサスの転換を、私はバブル破裂自体より大きな分岐点とされるべきだと思う。

構造改革協議

そのコンセンサス転換の背景として、非常に大きな役割を果たしたのは、アメリカの直接の圧力であった。

八〇年代の初頭、第二次オイル・ショックからの回復を早めた大きな要因は、日本の輸出、特に対米輸出が早いペースで膨張したことであった。自動車、工作機械など、個別品目が「貿易摩擦」の対象となって、主として日本のある程度の「自粛」の約束に終わった。竹下蔵相がプラザ合意でドル安・円高の線に乗ったのは、米国の保護主義的摩擦対策を恐れていたという状況によってだった。

ところが、ドル安・円高になってからも、米日貿易における日本の黒字、米国の赤字状態が続いた。米国によると、その不均衡の主たる原因は、日本人が言うように日本の製品が技術的にも品質からも優れているからではなく、むしろ、米国企業も米国の商品も日本に入りにくくしている、日本のいろいろな「非課税的障害」である――つまり日本市場が閉ざされているからである、と。

だから、日本の経済構造の開放的構造改革こそが望ましい。品目別の摩擦よりも、その根本問題を解決するために、それに焦点をしぼって相談をしよう、という案が米国から出てきた。日本にとっても、永遠の品目別摩擦を処理するよりましであろうと計算して、ブッシュ大統領と宇野総理の会談で、例のStructural Impediments Initiative（構造的障壁を検討するイニシアティヴ）、略して（そして米国の主導権の意味合いを翻訳で消して）、「構造協議」が始まった。その第一回の報告では、日本は以下のようなコミットメントを引き受けた。

1　排他的取引・貯蓄・投資パターン
　公共投資拡大のため、今後十年間の投資総額として四三〇兆円を計上
2　土地利用
　土地の有効活用のため、土地税制の見直し
3　流通
　大規模小売店舗法の規制緩和
4　取引慣行
　独占禁止法の厳正化と公正取引委員会の役割強化
5　系列

企業の情報開示を改善

6　価格メカニズム
消費者および産業界に対する内外価格差の実態の周知

アメリカの日本へのそのような要求が、対等な友好的大国の話し合いであるということを立証するべく、大蔵省・通産省の役人が急いでアメリカ批判のリストをも作った。貯蓄率の低さ、企業訓練制度の不備、過大な企業役員の報酬、輸出規制、技術開発援助の欠如、世界標準のメートル法を導入しないことなど、米国が「改めるべき」七点の欠点の改善を約束するコミットメントをアメリカから取った。

その両方のコミットメントの実行を確かめたり、促したりするため、一年ごとに「日米規制改革および競争政策イニシアティブに基づく要望書」を交換することになった。鳩山内閣がその交換を廃止するまで、儀礼的な、誰も読まない覚書を送ったりもらったりしていた。見せかけは対等だったが、アメリカが日本にコミットメントの実行を促す外交的圧力が、一方的だった。

例えば、家族経営の小売店を保護して町の中心部の空洞化を防ぐように作られた大規模商店法が一九九一年に大幅に緩和され、一九九六年、WTOでのコダック対富士フィルムの争いのあと、実質的に廃止された。

コーポレート・ガバナンス

もう一つ、「構造協議」の影響が大きかったのは、商法（後に会社法）の改正による、企業統治（コーポレート・ガバナンス）にかんする一連の法的規制の改変である。一九九三年に株主訴訟の手続きを簡略化し、そのための保証金を安くしたのはその始まり。ストック・オプションの導入は一九九七年だった。しかし、重要な改変は橋本内閣以後のできごとで、第十一章で検討する。

選挙制度改革

政治権力へのアクセスを大きく変えて、革新派の蒸発に大いに貢献したのは、一九九四年の選挙制度改革だった。それまでの中選挙区での、自民党の二人か三人の候補者の間の競争は、党内派閥制度をさらに強化する要因であるとして、自民党には前からイギリスのような小選挙区制に移ろうとする動きがあった。一方、公認の当選者を出す大きな選挙区で、四番目・五番目の当選者をかなり獲得していた公明党、社会党、共産党などにとっては、これは死活問題だった。その利害関係の妥協として「小選挙区比例代表並立制」（大政党の有利な選挙区、プラス小政党が浮かび上がる可能性を与える比例代表制の混合）が大体のコンセンサスとなったのは、すでに一九九一年だった。

しかし、その後のかけ引きが激しかった。五百の議席を、小選挙区と比例代表の間でどう割り振るか。比例代表制は全国一区にするか、都道府県の四九区にするか、一票の価値の格差を最小限にするための選挙区画の整理などなど、材料は尽きない。

いよいよその解決が細川内閣の主要課題とされ、一九九四年一月に法案が審議され、参院の社会党の造反者によって蹴られた。

そこで、細川総理と自民党総裁河野洋平の徹夜の交渉で作った（実質的に否決された案より社会党に少し不利な）法案が、両院議員総会で可決された。

党利党略に明け暮れする日本の政治の醜態を露呈したといえる。そして結果として、二〇〇九年の鳩山内閣というごく短期間の人工呼吸治療にもかかわらず、選挙改革以後の革新派の一方的な衰退をもたらした。

外交政策——湾岸戦争

毎年の外交白書が、日本の外交は国連中心主義だと言っていたのが、日米同盟を中心とするように改められてから十年経っていたのだが、一九九〇年以後、やはり国連との関係が最大の課題となった。

まず、一九四五年に国連が創設されたときは、戦時中の反独・反日同盟の延長という構想だった。当時の国際主義者の短期志向を露呈していると言えるかもしれないが、それが現実だった。だから、憲章でドイツ・日本・イタリアを「敵国」と規定したり、加盟国五一カ国のなかで、常任理事国として安保理で拒否権を行使できるのを主要な勝利国五カ国だけにしたりするのは、当然に見えた。しかし、国際社会がすっかり変わって、加盟国が一九三カ国になった二十一世紀に、その構造をそのまま持ち込む非合理性が、一九八〇年代からだんだん明らかになって、いろいろな改革案が練られた。

もっとも有望に見えたのは、日本、ドイツ、インド、ブラジルの四カ国を常任理事国に格上げする案だったが、その四カ国のどれか一カ国に対して猛烈に反対する国（主としてそれぞれの隣国）が多くて、四カ国のパッケージが実現する可能性が、今日までだんだん薄くなってきた。

日本の国連との関係を浮き彫りにして、メディアで主要な問題にしたのは、湾岸戦争だった。イランとの戦争で疲弊したイラクの経済的回復を妨害するクウェートにいじめられて、たまらないと称して、クウェートを占領した。「国連憲章」第七章が想定している、国家対国家の「侵略」の定義にぴったり合った、珍しい事件だった。一時は、朝鮮戦争以来形骸化した国連の参謀委員会を復活させて、ホンモノの国連軍を作って対処する案もあったのだが、当時崩壊しつつあったソ連があまりにも力がなくて、結局、安保理の全会一致の決議として制裁を実行に移させる責任を米国が引き受けて、国連軍ではない、同盟国との「有志同盟国軍」がイラクをクウェートから追い出す結果となった。結局、朝鮮戦争と同様の形をとったのだが、ただ、兵隊にブルー・ヘルメットを被らせて、多国籍軍を国連軍となぞらえる労をとる必要を、アメリカはもう感じなかった。一九五〇年から一九九〇年の間に、アメリカ覇権が国連の権威をしのいできたということの、一つの指標である。

湾岸戦争への日本の関わりについては、八年後の一九九八年に米国の雑誌に載った「日米関係におけるアーマコスト要因」という著者匿名の記事に総括されている。[1] 一九九八年当時、ニューヨークの外交審議会、国務省、共和党外交専門家という「帝国主義派」およびクリントン政権との溝が開いた。日本に対して取るべき厳しい政策をクリントンが取らない、という背景でのコメントである。以下は、その抜粋。

「占領期以降、日本の政治・安保制度は、ソ連に対する防衛、アジアにおける共産主義の普及防止に関しては、米国の戦略的指導に依存していた。……この依存関係の結果、米国の外交政策の形成に関係する機関の中で、「日本は言われる通りにすればよい」という前提が一般的になった。」

どうしてそうなったかといえば、アーマコスト（Richard Armacost）の役割を過小評価してはならないという。

「アーマコスト氏が一九八八年から一九九二年まで在日大使だった時、米国の「帝国主義派」のプロコンスル（属領総督）の役割をはたした。日本をブッシュ政権の「新世界秩序」へ編入させるように努力したばかりでなく、日本の内政にも始終介入していた。彼の影響が相当あったのは、小沢という、当時の「影の将軍」と密接な同盟関係を作ったからである。」

「湾岸戦争の時、小沢が、ブッシュ、サッチャーの世界体制に日本を組み入れた。戦争費用として、九〇億ドルの支出を無理やりに日本の国会に飲ませることに成功した。その対価として、小沢が米国の代理人として、英国の「自由化」モデルに倣って日本を改造することができるように努力して、それに反対する日本の多くの組織を弱体化させ、小沢の影響を大きくするべく、アーマコストが幾つかの政治不祥事を指揮した。」

結局、その九〇億ドル（特別ガソリン税で調達した九〇億ドル。有志同盟の中で、湾岸戦争の負担が国民全体に押し寄せた唯一の国は日本）の他に、湾岸に自衛隊の掃海艇をも送った。

政府の圧力で最高裁判所が「柔軟」に行なった当時の解釈によると、憲法九条が「持たない」と主張する「陸海空軍」（自衛隊）を海外に派遣することは許されていなかった。革新派が言う、許されない「海外派兵」に対して、米国支持派は、「兵」とは闘う兵隊を意味するので、掃海艇を「海外派遣」するのはなんら法外ではない、と主張した。もちろん後者の議論が勝った。一九九二年になると、国際平和協力法、ＰＫＯ協力法（正確には「国際連合平和維持活動等に対する協力に関する法律」）および「国際緊急援助隊の派遣に関する法律」が成立した。

その後、日本の「軍事的に普通の国」（実は軍事予算で言うと、ドイツをしのぐ世界で六番目に大きい国）への移行を促したのは、北朝鮮のミサイル、および一九九六年の台湾海峡危機だった。こうして、日本は少しずつ軍事力を増してきた。孫崎享氏がいう、体制内における「独立派」・「米国従属派」の動機は違っていたかもしれないが、結局、目指すところは同じ軍事強国日本であった。

不祥事・官僚バッシング

バブル崩壊でしょげた日本では、八〇年代後半の自信タップリの陽気なムードが、お互いに競いあい、批判しあう、より陰気なムードに変わった。地下鉄サリン事件もその一つの症候といえよう。そして、メディアのトーンも「日本は駄目だ」といったような自虐的な意見表明が多くなって、政官財界の賄賂、インチキなどの不正が大々的に報道されるようになった。

もっとも、バブルの破裂以前も、リクルート事件（政治家の他に、文部省・労働省の次官も収賄判決を受けた事件）など、相当な騒ぎになったのだが、当時はそういう事件はやむをえない、日常茶飯事だとされていたのに比べれば、九〇年代となるとそういう面がよりメディアの焦点となって、けしからぬと憤慨する傾向が目立った。

よく記憶に残っているのは、「ノーパンしゃぶしゃぶ事件」のあげく、検察官の小隊が資料を抑えようと、日銀に入るところの新聞写真だった（ノーパンしゃぶしゃぶ屋とは、日銀の銀行検査官と銀行経営者の馴れ合いの場だった）。財界では、不景気の影響で倒産する中小企業をめぐっての不正（多くの場合、倒産寸前で社長たちが会社の資産を着服する事件など）も、倒産件数とともに上がった（一九八九～九〇年の年間約六千件が、一九九五年の一万五千件となっていた）。

もっとも有名な倒産は、山一證券のそれだった。資産より負債が大きくなって、倒産するはずだったのに、やっと生きながらえるようにするために幾年も使った「飛ばし」という会計インチキも大いに騒がれた（さらに赤字を大きくする結果となるが、「景気がよくなるまで負債を隠す」インチキである）。有名になったのは、社長がテレビのインタビューに応じて、「幾千人の従業員はどうなるか」と聞かれて、泣きだしたシーンである。

北京の友人の話によると、「感心したのは、北京の山一支店長が、閉店する前に、そこの数多い中国の従業員の再就職の機会を作るのに一生懸命に努力したことだった」と。

二〇〇一年の米国のエンロン・ワールドコムの倒産のとき、社の幹部が自分たちのボーナスやストック・オプションを膨らませるためのインチキの会計が暴露された時、誰かが言っていた。「アメリカの不祥事は、役員が自腹を肥やすためにインチキな会計をする。日本の不祥事は、主として会社のためにするインチキだ」。もっとも、例えば日経新聞の子会社がその例だったが、アメリカ式の不正事件も時々あった。

官尊民卑の時代から、民尊官卑の時代への移行が、ここで始まった。

（1）"The 'Armacost factor' in U. S. -Japanese ties", *Executive Intelligence Review*, Vol. 25, No. 21, May 22, 1998, p. 52.

第十章　建設的（？）批判者となった時代

もともと独学で、多くは新聞を通じて取得した私の経済学の理解をかなり補う機会を、この時代がタップリ与えてくれた。

バブルの時、政府・日銀が、CPI（消費者物価指数）など、消費財の価格のインフレだけを操作するのには努力するのに、資産のインフレ対策をまったく講じないのはおかしいと、私でさえ分かっていた。株式の「日経平均」がとんでもない値の四万円近くになって、都市中心部の地価も天井を見ない右肩上がりを見せていたことを、むしろ大いに歓迎する人が多かった。

いつだったか、虎ノ門あたりの床屋に行ったら、私が座っていた椅子の下の、およそ一平方メートルのフロアは三万円するようになった、と床屋さんと一緒に感心したり、どうなるかと心配したりしたときの会話を、今でも覚えている。

バブル破裂の後になって、八〇年代末期にドンドン拡大していた銀行の信用増資を何とか抑える規制を、日銀も政府も考えるべきだったというのがコンセンサスとなったのだが、ケインズのいう「アニマル・スピリッツ（Animal spirits）」の、元気すぎた雰囲気があまりに普通だったから、できなかったのだろう。その後、知恵を得て、悔しかった人が多かったに違いない。

しかし、九〇年代の前半、私はもっぱら、経済よりも、一方で日本の憲法改正問題や外交、他方で「日独資本主義・英米資本主義を資本主義社会の二つの類型といえるか」――いわゆる「資本主義の諸類型」問題に専念していた。

憲法改正、外交

前章で見た小沢一郎氏の努力のおかげで、日本は国民に特別石油税を負担させて、「有志同盟」によるイラク追い出しの費用に九〇億ドルを貢献した。米国自体の国庫負担より大きい金額だった。それなのに、解放されたクウェートが『ニューヨーク・タイムズ』紙に、有志同盟の国への感謝の一面広告を載せた時、日本は除外されていたのだ。多くの日本人――特に小沢を支持してきた人たち――の自尊心への打撃は大きかった。外の世界は、我々をそんなに不当に存在感の薄い国として見ているのか、と。

結果として、「日本の国際貢献」は、論壇などで主要なテーマとなった。前章で記録したように、憲法解釈を限界まで拡大する国際平和協力法、ＰＫＯ協力法の制定が、その結果の一つであった。これらの法律の前提は、国連主導のＰＫＯにのみ参加することであった以上、中曽根以前の国連中心外交に戻った姿勢だったといえよう。孫崎氏の「独立派／米国従属派」の軸で言うと、前者の勝利だった。

ところが、社会党、共産党、社民連は、国会で「日本軍国主義の復活」と称して、猛烈に反対した。牛歩戦術で、大臣一人一人への不信任案の提出などを連発して、日本にとって死活問題であるかのような反応であった。

私の友人の多くは、例えば加藤周一、石田雄が、野党の立場を支持していた。私は、一九五〇年代、ヴァンクーヴァーの国連協会の書記長を務めたときから、国際的法的秩序構築の第一歩となりうる国連を大事に思っていた。日本の国連中心外交が日米同盟中心外交に移ったことを、とても悲観的に観ていた。湾岸戦争のときは、ＭＩＴで教えていたが、そこの同僚とともに、国連の参謀委員会の復活、ホンモノの国連軍の動員への動きを大いに歓迎して、新聞投書などもした。はじめから、実現の確率がごく低いことは分かっていたが、「侵略は許せない」

という原理が維持されただけでもよかったと、さほど絶望はしなかった。

しかし本当に絶望して、憤慨したのは、日本の革新野党のPKO協力に対する態度だった。そこで、学問的というより、時事問題に対する意見書という性格の本をはじめて書いた（ただし、学問的でないといっても、学者の精密な研究精神を十分に発揮したと思う）。題は『「こうしよう」と言える日本』[1]（朝日新聞社）。一時騒がれた、石原慎太郎・盛田昭夫の『「NO」と言える日本』（光文社）は、国威にばかりこだわる立場にすぎないが、私の本のタイトルは、より積極的に日本の影響力を、いわば人類のために使うべきだ、という戒めのつもりで選んだ。

テーマは、日本の平和主義史ともいえよう。憲法制定から、その拡大解釈によって九条を踏みにじる歴史をたどって、もう憲法を正直に改正する時期が来たのではないか、という主張だった。どう改正するかというと、九条の書き換えによって、日本の軍事力が決して好戦的な、他国への侵略に使うものではないと規定するように憲法を改正すれば、ホンモノの、日本人の手による平和憲法として自慢にして、絶対に守るべき日本の基本法として、国民の間で憲法尊敬の態度が普及するだろうと。

まず、憲法制定にかんする当時の国会討論を読んでみると、もともと「陸海空軍を持たない」「国家の交戦権を認めない」という九条に反対したのは共産党および貴族院議員で、のちに東大総長になった南原繁だった。南原の場合は、「ゆくゆくは日本も加盟できる国連という組織ができているそうです。一国の侵略がある場合、それを罰するための国連軍をつくる。軍隊なしの日本はどうやって、国際社会の一級加盟国となれるか」と攻めた。吉田総理はのんきで、「要はアメリカの要求に応じておいて、アメリカさんに帰ってもらうことです。その後のことは後で考えるべし」という趣旨の無責任な返事をした。

その次に、冷戦が本格化すると、またアメリカの命令に応じて自衛隊を創設して、「軍隊ではない」という解釈を最高裁に押し付けて、軍事予算がドンドン膨張していくという過程をたどった。

憲法をこうして反故にして、日本が海外からますます「不思議な国」と見られるようになるにもかかわらず、野党が一貫して「憲法改正絶対反対」という線にこだわっているのは愚かだ、と私は主張したのだ。国民感情として、自国の憲法が「押し付け憲法」であることへの不満、じれったさの気持ちがあるのは当然で、それを認めなければならない。非改正の憲法が日本の右翼化を防止するための防壁だ、と左翼は思っていただろうが、結果的に「国連への貢献」を右翼独占のスローガンに変えて、かえって右翼の勢力が増している。当然国家主義に対して国際主義を推進するべき左翼政党としては、まったく非合理的だと批判した。

同意した読者はいただろうが、一般の世論に対しての影響はゼロだった。本論よりも、付録として加えた風刺的な民話もどきの方が読まれた。自己欺瞞かもしれぬが、当時の日本の矛盾の多い雰囲気を、かなりよく捉えていると思うから、この本の**付録2**として転載する。

資本主義の諸類型――日本型、ドイツ型、英米型

国際社会で、この一九八五年から九七年までの期間のもっとも大きな出来事は、なんと言ってもソ連邦の崩壊である。共産主義的計画経済よりも、自由市場主義経済の優越性が証明されたことだった。モスクワ、ワルシャワ、プラハへ、大量の英米の経済学者が、経済制度作りの援助、経済政策指導を提供した。国有企業を従業員の協同組合にする案を持っていった少数の左翼以外は、以前の国家主導経済から最も遠い、米国型の、ほとんど国家不在型資本主義をモデルとしていた。

そこで、ドイツの社会学者である友人、ストリーク（Wolfgang Streeck）とともに、東欧諸国へのメッセージとして、資本主義にはいろいろな種類がある、互いに似ているドイツ型および日本型は、英米型とはかなり違う。アメリカをモデルとするより、日独型をモデルとした方がいい、という趣旨の本を書こうと思い立った。

日本とドイツの経済組織の類似性を証明するのが、最初の課題だったが、始めて半年したころ、我々が書こうとする本と同じ内容の本が出版された。ミシェル・アルベール（Michel Albert）の『資本主義対資本主義』である。彼はもともと学者ではなく、フランスのインテリのビジネスマン、国有保険会社の社長で、我々が書こうとしていた学問的な本より、ずっと読みやすくて、発想が面白い本だった。我々の計画は少し拍子抜けになったが、ストリーク氏が別の仕事に巻きこまれたので、私は一人で、なるべくドイツについて勉強を続けた。私がいよいよそれを本にしたのは、二〇〇〇年のことだった。題名は『日本型資本主義と市場主義の衝突——日独対アングロサクソン[2]（*Stock Market Capitalism: Welfare Capitalism: Japan and Germany versus the Anglo-Saxons*）』である。

九〇年代においては、資本主義の諸類型論（Varieties of Capitalism）が、英語圏の政治学者、またある程度の日本、フランス、ドイツの政治学者が好んだテーマとなった。最もよく知られて、よく引用されたりしたの[3]は、ホール＝ソスキス（Hall and Soskice）編の論文集[4]である。インターネットで調べると、彼らの本が引用されている雑誌論文が六三四〇で、私の本の方は八三三。もちろんやきもちはある程度焼くのだが、今様の学界の雰囲気には、ホール＝ソスキスがぴったり主流にかなっていて、私が異端者である状態を反映しているかと思う。

両方の相違点を要約すれば、こうなるだろう。

1　私が「日独型」と「アングロサクソン型」という実在国の比較をしているのに対して、彼らは「リベラル市場経済」および「組織された市場経済」を両極とする、理想形の比較をしている。

2　彼らは、その副題が示すように、国際経済競争においてどちらが勝つかを主要な課題としている。私は、経済的比較優位性ばかりでなく、どちらが住みよい社会をもたらすかということをも重要課題としている。

3　彼らは学者らしく、なるべく価値評価をさける。どちらにもプラスもマイナスもある、と。もう学者のつもりはない私は、日独型の方が望ましいという価値判断を隠さなかった。

両方の本が、労使関係、コーポレート・ガバナンス、職業訓練など、同様の側面を取り扱っているが、具体的な国を扱っているだけに、私の本の方がより鮮明に日本とドイツの類似性、英米との異質性を語ることができたと思う。その主要な点は、次のとおり。

1　日本でも、ドイツでも、会社の目的は、その所有者（株主）の利益の最大化ではなく、株主、従業員、顧客、主要銀行および下請け企業、地域社会などというステークホルダーたちの福祉をも勘案することである。

2 終身雇用が普通で、転職が少ない。従業員が重要なステークホルダーとなっているのは、ドイツでは法律の指定によるが、日本では株の持ち合い、および経営者の常識に支えられていたが（持ち合い関係が解消されるまで）、結果は同じようなものだった。

3 日・独では、会社も個人も、銀行、部品提供者、販売者なども、従業員ほどではなくとも、やはりステークホルダーと見られて、それらとの取引関係はわりに安定的である。英米で短期利益のために、年ごとに下請け会社、仕入れ会社などを入れ替えることは、日本では比較的に少ない。

4 経営者の目的は、四半期はおろか、年次利潤最大化というような短期利益の最大化、アナリストに発表した見込み利益のターゲットに達することよりも、会社の中長期の繁栄を念頭においている。

橋本行革と新自由主義への疑問

私の本の結論、日本における受け止められ方については、第十二章に譲ろう。むしろここで取り上げようと思うのは、私の一九九七年の雑誌論文である。新古典派の「例の『衝突』を止めよう、日本の異質性はプラスではなくてマイナスだ、なるべく先進国、アメリカのような国になろう」という思想に向かって、九〇年代の中頃、特に九三年から九八年まで、政官財界の体制がだんだん傾いていったあげく、いよいよ徹底的な行革を約束した橋本内閣が生まれた。

私はそのような事態を迎えて、「橋本行革と新自由主義への疑問」と題する小論を『中央公論』に出したのだ。(5) 今、読み返してみると、橋本内閣が発足したばかりの時に書いたもので、彼の行革の姿がまだはっきりしない時だったので、その行革のイデオロギー的基盤と思われた、同友会の「市場主義宣言」を攻撃する論文であった。

当時、付き合っていた同友会の副会長の方が、「おや、おや、ドーアさんがこんなに批難しているとは驚いた。同友会の研究会に出てください」と言われた。研究会でその論文の趣旨を喋ったのだが、今はもう、四半世紀前の向こうからの反駁と、そのときのやりとりは一向に覚えていない。しかし論文自体が残っているから、私の趣旨はこう要約できる。

――まず、一九九三年選挙による「五五年体制の終焉」の評価で始まる。果たして、「金権政治への国民の不満の爆発による大政変」といえるのか、と。人脈から政策脈への移行、生産者優先の経済から、消費者を大事にする経済へ、官僚支配の終焉など、特に外国記者の評価には細川内閣を歓迎する世論が目立ったが、私の見方は違っていた。

「たかが政治家の二代目たちが、若くして代議士となり、一応大臣となったものの、年功序列制の自民党で順番を待たなければならないのが、じれったくなり、政策面で大した対立もないのに、おじいさんたちに反逆しただけの話で、社会党と——信念・思想を、とうにマンネリ化して、教条主義を漸く変えた社会党と——一緒に連立内閣を作ったところで、新鮮な政策も、政策実施機関の活性化も到底望めそうでなかった。」

と前置きして、その悲観主義のひとつの根拠として、二ページに渡って、イギリス社会の戦後の発展を要約した。

戦争直後の労働党政権が作った諸制度——平等主義的な公共医療、公共教育制度の充実、鉄道、石炭、鋼鉄などの国有化・国営化——を支えたのは、国民の七割、自分を「労働者」と自己規定した労働階級だった。しかし、その後の経済発展の結果、工業社会が「オール中流」の脱工業社会となり、〈資産をいくらか持っている三割〉対〈肉体労働に依存する七割〉という三・七社会が、七・三社会となっていった。サッチャーの新自由主義、小政府主義、国有産業の民営化、市場競争の激化などが受けいれられる基盤ができた。

そして、疲れきって人気が落ちた保守党政権十七年目の一九九七年の選挙において、労働党の圧勝となっても、サッチャー政権の「改革」を元へ戻すどころか、むしろブレア内閣はその延長線上で、新自由主義的な刺激策によって、イギリス経済の国際競争力を増強しようとした。（米国従属型外交を強化して、友人ブッシュと結託し、悲劇的なイラク戦争に邁進した罪ほどではないかもしれないが、おなじく英国の米国化の一環であった。）

新自由主義の本質は、日本の伝統的な「和の精神」と正反対に、国民全体の福祉の最大化は、個人の利益追求を競争市場でぶっつけ合わせて、争い合わせて初めて得られる、という信念だといえよう。それは、同友会の場合、次のようになる。

・熱心な新自由主義の宣教師なら、医療・教育までも、利益追求の民間業者の競争にまかせたほうがいいと論ずる。

・同友会の「市場主義宣言」の著者たちはそこまで行かないが、規制緩和を推進するその熱心さと、競争の美徳を褒める信仰の深さは疑う余地がない。

論点をいちいち繰り返す必要はないが、批難すべき点は広域に渡っていた。そのいくつかを拾ってみよう。

一つは、日本で、「公益」の概念が薄くなってきていること。

自分の私益をも含めて私益の調整に明け暮れする政治家と、（いくら実践がときどき使命より劣るにしても）公益追求を使命とする官僚の違い。

アメリカのように、大統領が変われば、次官、局長級の官僚が三千人代わる国に比べると、官僚が独立精神を持っているイギリスと日本は恵まれている。

当時「官僚バッシング」という言葉はまだ流行っていなかったが、そのような現象は随分あった。特に一九九三年の政変以後である。平凡な政治家の、優秀な官僚への嫉妬の念が、その重要な要因だ。

二つめは、同友会によれば、一方で効率と公平、機会均等、他方で、結果平等とのトレード・オフ関係がある。競争を抑えて後者を重んじるあまり、日本経済に高価格・高コストが定着していること。

しかし、競争と効率の関係は、そう簡単なものではない。護送船団方式の典型である保険業界を例に取れば、イギリスの経験が参考になる。料金の規制を廃止し、申し合わせを禁止して競争の激化を計れば、競争の武器である広告への費用がかさみ、競争心の激しさによるインチキ売込みという悪弊、それを是正するための新しい規制、それを施行する費用、その結果起こる、法廷での訴訟の費用などがかさみ、社会的費用・便益分析では、損である。

いまや、私は経団連のシンポジウムなどには呼ばれない、異端者として敬遠されるべき存在となった。

わずかな慰めは「敬遠」の語源である。孔子が弟子とともに散歩していたら、仏殿の前を通った時、孔子が軽い会釈をした。ある弟子がいう、「仏教徒の誤謬を絶えず指摘なさるのに、どうして師が敬礼するのか?」と。孔子は、家の前を通ったら主に会釈するのが当然、と、「子曰く、民の義を務め、鬼神を敬して之を遠ざく。知と謂うべし」。

まさか自分が仏様級に扱われるべき存在だとは、思わないが。

（1）R・P・ドーア『「こうしょう」と言える日本』朝日新聞社、一九九三年。
（2）Ronald Dore, *Stock Market Capitalism: Welfare Capitalism: Japan and Germany versus the Anglo-Saxons*, Oxford University Press, Oxford［UK］; a New York, 2000. R・P・ドーア『日本型資本主義と市場主義の衝突――日・独対アングロサクソン』藤井眞人訳、東洋経済新報社、二〇〇一年。
（3）Google（二〇一三年十月二日）によれば、六三四〇学術論文において引用されている。
（4）Peter A. Hall and David Soskice, eds. *Varieties of Capitalism: The Institutional Foundations of Comparative Advantage*, Oxford University Press, Oxford［England］; New York, 2001.
（5）『中央公論』一九九七年十一月号。

第六部

新自由主義の浸透からアベノミクスまで

1997-2013

第十一章　新自由主義、アメリカ化から逆戻りの兆し？

一方向的なアメリカ化・新自由主義化・階級社会化の長期傾向が、いよいよ逆戻りする兆しか？

第九章で説明したように、一九九七年を重要な転換点とするのは、それまではケインズ主義的な財政・景気操作が常識となっていたところ、新自由主義の浸透によって、「構造改革」が急務となり、倒産すべき企業を倒産させる方針に変わると同時に、アジア危機による日本経済の混乱によって、長期的デフレを伴う不景気になった時点が一九九七年だったからである。

その一九九七年から二〇一三年までの大きな事件を、この章で要約するつもりだが、まずリスト・アップすれば、

1 小泉・竹中の構造改革と郵政民営化、および郵政民営化の逆戻し。

2 コーポレート・ガバナンスのアメリカ化、一九九三年から二〇〇六年までの官僚・学者主導の会社法改正。

3 日米構造協議（SII、Structural Impediments Initiative）以後の官僚バッシング、官僚主導体制から政治主導体制への両大政党の努力の到達点としての、安倍内閣の官僚人事の政治化法案。

4 二〇〇九年選挙における民主党の勝利。鳩山総理が、昔の革新派に人工呼吸を試み、普天間問題で、米国という風車に挑むドン・キホーテを演じて失敗して、菅・野田政権を通じて、自民党と変わらない体制となる。

5 生半可なインフレ起こしを軸とするアベノミクスの誕生。

6 中国を仮想敵とする日米同盟の深化、両軍の漸次的統合を背景として、尖閣問題では日中関係が決定的に悪化。

7 中国包囲策として、米国に奨励され、日本はロシアとの軍事的協力体制に入り、長年懸念だった「北方領土問題」を実質的に葬る。

新自由主義の浸透――小泉時代

橋本内閣の新自由主義的経済政策・財政政策への傾斜は、二〇〇一年からの小泉政権のときに定着した。経済財政政策担当大臣兼金融担当大臣だった竹中平蔵が、大きな役割を果たした。竹中は小渕政権の時に、不景気から回復する方法として、ケインズ的な、十兆円の財政出動を推したものの、二〇〇一年に大臣になると、もっぱら小政府主義、規制緩和、「官僚主導から政治主導へ」の線を強力に進めるようになった。行政指導排撃のスローガンは、「事前協議から事後チェックへ」だった。小泉政権のもう一つのスローガンは「No pain, No gain」で、倒産が多く、失業が増えることは、より健全な、競争力のある経済への道だというのだ。

事実、失業率は二〇〇一年一月に四・七%だったのが、二〇〇三年四月の五・五%を頂点に、やっと四・〇%以下に下がったのが、二〇〇六年の十二月だった。

「構造改革」のもっとも野心的な例は、郵政民営化だった。それまで、全国二万四千の郵便局は、郵便を受け取る以外に（配達は別会社）、郵便貯金業、簡易保険業もおこなって、その二業で国民が預けた三六〇兆の資金を財政投融資として、政府が道路公団に、病院、学校の建設に、使っていた。新自由主義者はこう言う。――国家がそういう役割をすると、資金の使い方が必ずしも収益・費用計算でなく「効率的」でない、なぜかというと、他の銀行、他の保険会社との競争に晒されていないからだ。だから、郵便局の窓口業、郵便貯金業、簡易保険業の三事業を各々独立の民営企業にすれば、株主に十分報いる利益を出すという至上命令によって、より効率的に働いて、成果を出すようになる──という主張だった。例の構造協議（ＳＩＩ）以後、日米が「要望書」を交換するのが慣例となっていたが、二〇〇三年の米国の要望書では、郵政事業の民営化を強く要望していた。もちろん、米国資本も入れるような形で。

ところが、そう簡単ではなかった。第一、生まれてくる郵政銀行の資金、および郵便局としての支店網は、他の銀行を圧倒するから不公平だ、という声も強かった。同時に、新自由主義への転向を拒んで、昔の「開発国家」という日本の特徴を打ち捨てることに反対したグループもいた。

その反対派の主だった指導者は、亀井静香だった。安保闘争を見て警察の弱さを憂いて、国家公務員試験を受けて、政治に入る前に十年以上警察幹部だった、変わり者の政治家で（例えば、死刑廃止運動の指導者である）、郵政改革反対派の指導者だった。二〇〇一年、自民党総裁の選挙で、有力な候補者だったのだが、小泉と政策協定を結んで、引き下がった。小泉はその協定を全部破ったので、まず小泉政権の主流派とはいえない人物だった。二〇〇五年、小泉が自分および郵政改革に対する信任選挙に乗り出した時に、亀井氏は国民新党を作って、自民党と分かれて、二〇〇九年、鳩山民主党との民社新連立内閣に入って、郵政・金融担当大臣となり、民営化の逆戻しが本格的となった。

いろいろな事業割り当て・再編を経て、結局もとの五業組織が四つの株式会社となったのだが、それらの会社が上場するのは二〇一七年を目標としており、それまでは国家が株の一〇〇%を保有している。

つまり、元の木阿弥。

コーポレート・ガバナンス

バブル破裂を生き抜いた日本の大企業は、大体「伝統的な」（というか、一九七〇年代に「通常」な形として形成された）企業形態であった。その特徴は、

――株への配当が、債権と同様に、年々額面の何%かという安定配当方式を取っていた。景気のいかんによって変動したものは内部留保。

――経済全体の成長が、毎年の「春闘」を通じて、賃金の上昇に反映された。役員の給料・賞与もほとんど同率で上がっていった。一九七五年から一九九〇年までの従業員・役員の一人

当たりの報酬の一対二・五という率は、ほとんど変動しなかった。

――「抜擢」は多少あっても、従業員の任命・昇級は「年功序列」方式をとっていた(例えば四十歳以前に局長になれない、などのルール。年功といっても、「功」より「年」の比重が高かった)。会社から会社へという転職が少なかった。

――労働組合がクローズド・ショップ(Closed Shop)方式で、加盟するのが雇用条件となっていた。その企業組合が連合などの組織に入っていても、指導者も、組合員も、階級意識よりも企業意識がはるかに強い。

構造協議の約束を実行した、一九九三年の株主訴訟(会社の役員に対するそれ)の手続き簡略、費用逓減の法律以後、ストック・オプション解禁、自社株買い解禁、雇用関係の弾力化(=会社の解雇権拡大)、監査役会設置会社か委員会設置会社という二つの新しいガバナンス形態の選択、など、二〇〇六年の会社法でまとめられたさまざまな設置を通じて、日本の企業が、米国をモデルとする改正運動は一貫していた。

逆戻りの兆し?

だが、リーマン・ショック、金融危機以降、そのアメリカ化傾向が逆戻りしてきた兆しもあ

表3　景気回復期二回、不景気期一回の比較（成長％）

	1986-90年	2002-06年	2007-11年
従業員1人当たり給料、賞与、福利厚生	18.7%	− 3.1%	0%
配当	1.6%	192%	− 16%
役員1人当たり給料＋賞与	22.2%	97.3%	− 0.4%
配当／減価償却費＋内部留保率	0.36 → 0.28	0.81 → 1.99	1.7 → 0.7
1社当たり付加価値	− 1%	＋ 11%	− 4%
資本金10億円以上の会社数	＋ 41%	＋ 0.1%	− 3%

る。一つの指標が、通産、法務および米国かぶれの学者が奨励しようと――できれば強制しようとした「委員会設置会社」の数である。導入された二〇〇三年には四四社だった。二〇〇八年の七一社へと少しずつ増えたのだが、それが最高で、二〇一二年には五七社に減っていた。そのうちの一五社は、他の委員会設置会社の子会社である。なぜかといえば、法律による「社外重役」の定義は「その会社の従業員だった経験のない人」だから、本社の幹部を子会社の社外重役という名目にして、子会社の管理ができるからである。

もう一つの指標は、**表3**に表れている。資本十億円以上の五千以上の大企業の数字である。財政省の「法人企業基本調査」の時系列表からとってある。ごらんのように、一九八六〜八九年の間に、従業員・役員の報酬の一対二・五の率が、先に述べたように、あまり変動しなかった。ところが二〇〇〇年代の前半となると、従業員の報酬を三%カットしながら、役員が自分の報酬を九七%上げた。同時に配当を二〇〇%近く上げた。ところが、二〇〇七〜一一年となると、またバブル以前の従業員・役員の平行線傾向が出てきた。二〇〇六年、配当に向けた総額、対、会社にとどまるキャッシュ・フロー(減価償却費プラス内部留保率)が一・九九倍だったのが、二〇一一年には〇・七倍に減った。

しかし、金融庁としては、株主主権の原則を少しも修正しない。ただ、モデルを米国から英国に移しただけである。二〇一四年二月、特別研究会の長い審議、草案の公表に対するコメントを受けてできあがった「日本版スチュワードシップ・コード」を制定した。(1) 審議報告で、Rule-based 対 Principle-based, comply or explain など耳慣れない英語を使っているが、スチュワードシップ(Stewardship 監督と報告の責務)とともに、英国の株式市場の大義名分をそのまま受け入れた「日本版」である。趣旨は、大量の株式を持っている機関投資家が、自分の顧客のためにも、短期的利益を目標としないで、投資する企業の長期的成長をめざして株主総会で票決に参加するばかりでなくて、絶えず経営者と対話する姿勢をもとめることである。『ファイナンシャル・タイムズ』によると、二〇一四年六月の総会に、機関投資家が出す「配当と自社株買いを増やせ」という決議案の数は、記録的な一四件が予定されている。そのうち、貪欲と評判の高いイギリスの Children's fund が五件。(2)

安倍内閣の官僚制度改革法案

健全な民主主義の必須条件は二つあるといえる。その一つは、完全に独立しており、尊敬されている最高裁判所。もう一つは、同じく政治から独立した官僚制度である。

日本の最高裁判所は、特に憲法九条をめぐって、時の政権の言うとおりに解釈を広げた（曲げた）という経歴のおかげで、アメリカの最高裁と違って、独立を放棄したということで、さほど尊敬されていない。

安倍内閣の提案で、二〇一四年四月に可決された「官僚制度改革案」は、おなじく官僚の独立性を破壊しようとしている。

その説明は、複雑な歴史的条件をたどらなければ、理解しにくい。

二十年ほど前には、日本は「官尊民卑」の国だといわれていた。一八八九年の明治憲法で、国会が初めて誕生した。最初の十年間は、高い恩給をもらう天皇の側近と自負する官僚が、頭が上がらない政治家を遠慮なく支配していた。ところが、選挙された国民の代表に憲法が与えた権限に訴えて、政治家が官僚制を攻撃するあまり、官僚が後退せざるをえなくなった。官僚の中で、もっとも権威も見識も一番高かった伊藤博文が、いよいよ実情を認めて、政友会を作って、自分も政治家になった。

それが政党政治の時代の始まりといえる。それでも、第二次大戦まで、官僚上がりの政治家が優勢だった。日本の民主主義をかなり進歩させた原敬でさえ、元官僚だった。満洲事変以後、文官よりも軍官が頻繁に総理大臣となるようになるが、戦後、文官の世界に戻ったら、池田、岸、佐藤、より最近の宮沢まで、官僚上がりの党首が多かった。

それは、人間の「質」(IQ、知恵、人望、人格)の違いによるというのが常識だった。政治家は、いろいろな私的利害関係、党利党略を追求するというイメージだが、官僚は威張っているが、だいたい公益を政策の基準としているというイメージだった。その上に、政治家の地盤譲り受けによる閉鎖的世襲制、官僚の開放的な学歴選択制の違いが、政治家の質の平凡さ、官僚の優越という違いをもたらすもう一つの要素だった。「エリート」という言葉は、今では差別用語と同じくらい使ってはいけない言葉になってきたそうだが、官僚のエリート意識が、同時に社会に対する責任感の意識を強めたに違いない。

それでも、但し書きがある。本当の知的エリートが入っていったのは、だいたい大蔵省、通産省、警察、外務省で、他の省は優秀な人にとってはあまり魅力がなかったという。縦割り行政——丸山さんが名づけた「蛸壺行政」と呼ばれたのだが——で、大学を出て、一つの省に入れば、たまに他の省に二年間「出張」する以外には、そのキャリア・パスを全部その省の中で遂げる。次官になる人は、普通その省で一生働いた人である。

確かに(例えば、文部省の人が防衛次官になれるような、配置転換が官僚制度全体で決まるイギリスの官僚制度に比べると)、縦割り行政には弊害が多い。

しかし、英国と日本に共通だったのは、官僚の人事を支配していたのが、慣習的に、官僚の「総裁」ともいえる、自らも官僚である内閣官房副長官であったことである。田中真紀子が次官を追い出した事件が、相当な騒ぎを引き起こしたのも、その慣習のためだった。

縦割りの弊害について、今の安倍内閣の官僚制度改革案が、その弊害を是正するために、一元的人事異動を導入しようとしている点は、進歩だといえる。しかし次官、局長、部長まで、政治家だけの審査によって適任であるかどうかが決まるという、法案の他の部分は、官僚の独立性を完全に破壊しようとしている。

現在の局長たちが就職した時は、まだ、法経学部の一番優秀な学生が官僚を目指す時代だった。しかし、それ以後の世代となったら、外資系金融機関のアナリストとか、日本の優良な大企業を目指す優等生がだんだん多くなり、一世代次の局長クラスの質が、今と同様になる保証も、見通しもない。

「官僚主導の政治から政治家主導へ」とは、与野党両方の長年の主張だった。麻生、鳩山、菅内閣も、今の安倍案に似たような法案は作った。しかし、官僚の抵抗で廃案になった。今度はメディアの関心が薄く、野党である民主党の賛成を得て可決された。

ところが、そのような法律が、メディアの支持も多く、反対運動が少ないという雰囲気を作るのに、二十年前のいわゆる日米構造協議（ＳＩＩ）以来の「官僚バッシング」が大きな役割を果たしてきた。ＳＩＩの時、アメリカの圧力に抵抗した日本の官僚が、米国の反感を買って、「日本の官僚が一番けしからん非関税障壁」呼ばわりされたのだが、その、もとアメリカ主導の運動に、日本国内のメディアも一般世論も喜んで加担してきた。

普天間

国民が自民党政権に飽き飽きして、異質分子の集まりだった民主党が多数を占めて、民社新連立内閣を作った時、鳩山総理が大見得を切り、普天間の米国海兵隊の基地を県外に移すことを政策目標として掲げた。日本の「思いやり予算」がなければ、苦しいカットを受けるはずの米海兵隊、およびペンタゴン、および国務省の猛烈な反対運動が、国内の親米闘士の迎合を受けて、鳩山は辞職まで追い込まれた。

その親米闘士の主だった政治家、石破《いしば》茂が、二〇一三年の現在、安倍内閣の大臣である。依然として、普天間にある米海兵隊の存在は、対中防衛体制の必要な一要素で、埋立地に新しい滑走路をつくるアメリカの計画を熱心に支持している。

アベノミクス

安倍内閣の経済政策のいわゆる「三本の矢」は、
1 インフレ二%にいたるまで、無制限の量的な緩和
2 公共事業の大幅な拡大
3 構造改革

第一の金融政策については、それまで「慎重な人間」という評判の日銀総裁、黒田東彦が急に大胆になって、マネー・サプライを倍に増やしてもいいから、無限に国債などを買いあさるという発表のおかげで、また円安二〇%の為替のおかげで、日本の輸出部門を先頭に、かなりの景気回復が見られた。

第二の公共投資。建設国債の発行、日銀のそれを全部買い上げるという妙な方法を取るのだが、まあまあ、進行している。

第三の構造改革は問題。安倍の側近みたいな三木谷浩史楽天社長は、安倍内閣が、（楽天のような）オンライン販売機構が、処方箋以外の薬の販売を自由化する案を蹴ったのに憤慨して、安倍の敵に転じた。安倍総理自身の所信表明で描いた一つの夢——家族経営一点張りだった農業に、大資本を入れて、農産物の輸出産業を興すという夢——にこだわったりして、農業をよく知っている学者・官僚が、その非現実性、幼稚性を見て、開いた口がふさがらない状態になっている。

第三の矢は永遠に大義名分だけの話にとどまるだろう。

尖閣問題、日中関係

一九七二年の日中国交回復交渉で、日本の実効支配下にあった尖閣列島について、周恩来が、「中国にはあの島の主権についてクレームがあるのだが、難しい問題だから、後の世代の、我々よりも賢明な人たちに任せ、今は棚上げとしよう」と言ったら田中総理が同意した。日中平和友好条約の交渉に鄧小平が日本に来た時、「棚上げ策」が再確認された。

その後、日本は棚上げ方針を良心的に守って、代議士を含む右翼団の上陸、日の丸を立てようとする試みを抑えてきた。ところが、二〇〇〇年代中期から、中国の漁業者がより大きい、より速い船を持つようになると、中国海岸から三百キロの尖閣臨海の漁業地に現れるようになった。利回り十分であったのか、漁業権主張のため中国政府から補助金が出ていたか、不明である。

中国漁船およびそれを追い出そうとする日本の海上保安船が何年間か、隠れ鬼ごっこをしても、両国の間には暗黙の申し合わせとして、両国の法的立場をあいまいにして、訴訟沙汰になることを避けていたのだが、二〇一〇年に中国の漁船が日本の海上保安庁の船にぶつかる事件が起こって（船長が大洋へ逃げようとしていたのか、酔っ払っていたのか、正気の敵意でやったのか不明）、海上保安庁がその船長を逮捕して、裁判すると発表した。

すると、中国の反発が激しかった。日本の外務省を罵る宣言、ほうぼうでの反日暴動、しまいには日本の半導体産業が一〇〇％近く依存していたレア・アースの輸出禁止。そこで、日本がお手上げをして、船長を釈放して返した。

しばらく平穏状態が続いた。しかし二〇一二年になって、日本の攪乱政治家ナンバー・ワン、東京都知事の石原慎太郎が登場する。もともと、尖閣に上陸して旗を立てて、中国を挑発する右翼愛国団体に好意的だったのだが、東京都が尖閣の民間地を買って、東京都の一部にして、観光施設等を建てて、日本の領土として開発する計画を発表した。

民間地とは、日本が一八九五年、日清戦争の勝利が確実になってから、日本の領土にしたのだが、その十年前から、アホウドリ狩りや、のちに鰹節づくりなどの漁業関連の工場をしていた古賀家が外務省に尖閣の併合を訴えてきたのだが、中国を挑発することになるからと断られたのだ。併合が実現したら、台湾政府の土地台帳に載った土地で、一番使えそうな三島の所有権を持っていた。

第二次大戦で、鰹節を干すためのガソリンが入手できなくなって、古賀家は引き揚げたが、戦後その所有権を栗原家に売った。一流の結婚式場経営者として大金持ちだった栗原家が、結婚が流行らなくなった日本で損ばかりし始めて、尖閣の土地を売ろうとしていたということが、石原氏の耳に入って、それがことの発端だったらしい。東京都の一番南の島から、尖閣は千キロ以上離れていたのに、都に併合しようという計画だった。

秘密交渉がばれたのが、二〇一二年の夏だった。北京において、在中日本大使・丹羽宇一郎（珍しく外交官でなくビジネスマンで、外務省との折り合いがさほどよくない）が『ファイナンシャル・タイムズ』の記者のインタビューに応じて「石原計画が実行されたら日中関係が混乱する」と発言した。彼は東京に呼び戻されて、馘にされた。

石原一派はそれくらいのことができる程強かったのだが、民主党の野田政権を牛耳るまでは力がなかった。野田は石原計画が挑発的、暴漢的だということを認めて、彼を阻止するため、彼が買おうとしている民間地を国有化する法案を急いで作った。

その動機は理解しにくい。というのは、政府がその民間地の利用を独断で管理できる借地契約を、すでに民間の地主から取っていたのだから。

国有化は主権主張に当たると中国が解釈するだろうと、野田政権の、外務省の側近のなかで、誰も気づく人がいなかったのだろうか。それとも石原一派に、我々も中国を恐れていない、という毅然とした態度を見せるためだったのか、知る方法はないのだが、「日本が棚上げ協定を破った」と、中国は大変な剣幕。ウラジオストクのAPEC首脳会議では、胡錦濤主席と野田総理が両方出ていたのに、中国は正式な会談を断り、二人は廊下での十分ほどの立ち話で、胡氏は中国がいかに許せないと思っているかを語り、野田氏に怒った。大国間の異例の出来事だった。

野田政権はその後、日本の正式な対尖閣・対中政策を決めて、現在の安倍内閣も、そのまま受け継いだ。いわく、

1　「棚上げ協定」はもともとなかった。周恩来が棚上げしようと言ったことはそうだが、日本の代表が「うん」と言った記録がない。
2　中国は尖閣における日本の実効支配を認めてきたのに、いまさら争うのはおかしい。
3　尖閣について、中国との争いはない。尖閣は日本のものである。

安倍内閣は、どちらかといえば野田内閣より強硬である。尖閣問題特命委員会を作って、その議長として、若手のナショナリスト政治家を尖閣問題特命内閣大臣に任命した。二〇一三年十一月に開いたその委員会では、野田政権の首相秘書官（外務）だった一流外交官をつるし上げて、外務省が日本の立場を説明するヴィデオを作るのに怠慢であったということを認めさせた。

中国はそれに反応して、保安艦、軍艦、軍用機などを日本の領海の周辺に送って、日本をつつく戦略に訴えている。いつかは衝突が起こりそうである。日本も中国も、全面戦争となったら、日本が勝つだろうという計算である（潜水艦、戦闘機の数からいうと）。しかし、十年先だったら、中国の方が圧倒的に優勢となるであろう。

対ロ関係

二〇一三年十月の重要な出来事の一つは、日本とロシアが、今まで米国としかやったことのない二対二会談を催したことである。両国の外務・防衛大臣の会合である。目的は中国包囲戦略の遂行であったことは、誰も隠そうとしない。第一の会合は、最近中国海軍が津軽海峡を通路として、太平洋に出る航海をしたのだが、どうやって、海峡を中国軍に対して閉鎖できるかが主な議題だったと報道されている。

大きな転換である。今まで、北方領土の返還にこだわる日本が、その領土の問題に進展がなければ、ロシアと友好関係を保つことは不可能だ、という態度だった。総務省の角の大きな石碑には「北方領土　かえる日　平和の日」と大きな字で彫ってある。それはまだあるのだが、彫ったスローガンが見えないように、大きなポスターがかぶせてある。国後《くなしり》・択捉《えとろふ》の地図に「北方領土を想う！」と書いてあるものである。安倍氏の二〇一三年秋の所信表明には、拉致問題について儀礼的な二行があったのだが、北方領土については一言もなかった。

明らかに、北方領土を諦めるのを代償として、対中国の包囲網を作ることに、日本の体制派は決心したのである。それが自発的な構想だったのか、ペンタゴンや国務省の要求に応じての動きなのか、不明だが、後者であった確率が非常に高い。

というのは、こんどウクライナ問題で、米ロ冷戦が急に熱戦気味になってから、日本は、米国と同様、ロシア批難の宣言を連発する。

安倍の外務関係の側近、谷内正太郎氏が二〇一三年十一月十一日に政策研究大学院大学のフォーラムで、安倍外交の全面的展望について一時間講演した。しかし、以上の出来事について、一度も触れなかった。私が質問をして、「大きな外交転換のように見えるのだが、なぜ触れられなかったか」と聞いた。谷内氏の返事は、「包囲戦略と関係のない、友好関係を築くひとつの試みで、さほど大きな出来事ではなかった。中国とも、二対二会議に向こうが乗り気だったら、いつでも応じます」。

やはり、政治家で成功するのには、白を黒と平気で言えるたちの人でないと、務まらない。

（1）http://www.fsa.go.jp/news/25/singi/20140227-2/04.pdf
（2）Ben McLannahan, "Shareholder activism catches fire in Japan", *Financial Times*, 22 June 2014.

第十二章　幻滅

一九九七年、私はもうすでに定年退職をして二年目だった。五、六年間ロンドン・スクール・オヴ・エコノミクス（LSE）の研究所の名誉研究員をしてから、もっぱら読書、著作業に携わってきた(1)。

毎年一カ月か二カ月、日本に滞在して、一応「知日家」として通っている身分として、日本の政治、経済、社会の最近情報を身につけてきた。依然として楽しい滞在である。タクシーの運転手、スーパーの店員、家の近くの角で花を売っているおばちゃん、地下鉄の駅員さんなどとの毎日のふれあいを通じて、日本人は親切だということを再確認できる。

ところが、同時に悲しいこともある。昔、体制派・革新派を問わず、政治・経済について、友好的に、ザックバランに現実的な議論や対話をしてくれた友人が、もうほとんど亡くなってしまって、その後継者には、あまりにも、日本のコンセンサスの大義名分を繰り返して、真摯な議論を避ける人が多い。その一例が、前章で引用した、谷内氏である。私にそんな子供だましの返事を堂々と言えたことには、おどろいた。巧言令色、少なし仁。

まあ、ここで鬱憤を晴らすのは止めて、前章でリストアップしたいくつかの問題について、簡単にコメントをしよう。

「株主主権」会社を批判——コーポレート・ガバナンス

小泉改革、日本の新自由主義化、アメリカ化、階級社会化への傾斜について、いろいろな批判的な論文を書き、『誰のための会社にするか』(岩波新書、二〇〇六年)でそれを一まとめにした。「従業員主権」の会社が「株主主権」の会社へ変更した経過と、それに対する批判を十分に表明したので、ここで繰り返す必要はないと思う。

官僚制度改革案の通過をなげく

麻生内閣、鳩山内閣、菅内閣の時代にも国会に出された、似たような、官僚の独立性を破壊する法案と同様に、官僚の対抗のおかげで廃案となる可能性を、私は過大評価していた。しかし問題なく法律になってしまった。

アベノミクス

黒田日銀総裁の大胆な「無制限な量的緩和」という政策発表のおかげで、二〇％の円安をもたらして、景気ムードを改善したことは成功といえるのだが、二％のインフレ目標に到達するかどうかは不明である。私が『エコノミスト』二〇一三年三月四日号に「インフレ目標二％は中途半端」という小論を書いたが、そこで展開した論理はこうだった。

1　デフレの決定的治療は、「ショック療法」で投資家の「インフレ期待」を変えて、実体経済に投資する企業家の投資意欲を刺激し、総需要をふくらませる方策が必要である。

2　その方策として考えられる一つの案はこうである。

「中央銀行屋ムラ」（原子力ムラよりもはるかに害をなす村）の基本的な規範を破って、政府が以下のような発表をする。

ア　予算案の赤字は、今まで新国債の発行で埋めていた。これからは、当分は国債を出さずに、ただちに日銀に必要な紙幣を印刷するように命令する（まず日銀設立法を変えてから）。

イ　もっとも信頼がおける経済的モデルによれば、一、二カ月後のインフレが五％を越す可能性が高いと予言すれば、元の通常の新国債発行に戻る。

ウ　その間に、最低賃金額、生活保護額、国家年金額を、物価上昇に鑑みて、三カ月ごとに調整する。

インフレが三〜四％と期待されると、企業がキャッシュ・フローを使って、材料を物価水準がXのときに買い、製品をX＋3の時に売る予想が成り立って、投資意欲が刺激される。金利も当然上がるから、年金基金、保険会社が実体経済の社債に投資するようになり、今のように、大量のお金をヘッジ・ファンドに貸して、世界経済のギャンブル化に加担しなくなる（世界中の金融資産のある推計によると、(2)世界GDPは名目七二兆ドル（PPPは八五兆）のところ、世界の金融資産は個人三二兆、専門家経営のファンドは八〇兆ドル、うちヘッジ・ファンドは三兆ドル）。

その論文に自分のメール・アドレスを目立つように付け加えてもらった。「けしからぬ」とか「大賛成」などとメールが来るのを楽しみにしていた。ところが、なんと一本も来なかった。やはり、日本は、論争の趣味がない、知的砂漠になってきた。

対米、対中、対ロ外交と尖閣問題

これらは前章で明らかにしたので、ここで繰り返す必要はないとおもう。最近の日ロ接近の解釈・評価について、一つだけ付け加えておくが、おそらく米国の、ロシアと防衛関係を作れという圧力に応えての出方だっただろうから、中国を仮想敵とする日米軍事同盟のさらなる強化の一環だろう。尖閣問題をめぐっての対中敵意が国民の間で盛り上がった雰囲気が、それに手伝って。

その尖閣問題だが、前章で書いたように、日本の立場はこうである。

1　尖閣は日本の領土で、中国との争いはない。

2　一九七二年、七八年の会談のとき、中国が「棚上げしよう」と言った記録があるのだが、日本の代表がそれに賛成した記録はないから、「棚上げ協定」のようなものはもともとなかった。

3　中国の最近の挑発的な、日本の領海、領空への侵害に対して、防衛網を強化する。

4　中国が本格的な軍事的攻撃をすれば、米国が参戦してくれる約束をとった。

石原氏を抑えるのに、彼が買おうとする土地の国有化の手を打って、中国の予想以上の憤りにあったときに、こう答えたらよかったと思う。すなわち――「国有化は、我々も前から良心的に守ってきた『棚上げ』の申し合わせを続けて守るための手段でしかなかった。中国も今まで、日本の尖閣の実効支配を認めてきたのに、今尖閣諸島の主権を出張している。本気だったら、『日本の実効支配は国際法にはずれている。主権は中国のものである』と国際司法裁判所に訴えなさい。いつでも応じますから」と。「国際的意識の高い国、日本」と外国からエールが来たはず。

ところが、野田政府は、そのような「大人外交」の道より、「争いはない。我々の領土だ」と毅然と強がりを見せる道を選んだ。国内世論に迎合しての決定だったのか、なるべく日中関係の敵対化を望んでいる、アメリカのタカ派の指導だったのか知らないが、結果として、日本の外交の拙劣さが世界外交界の笑い物となり、タカ派でない米政府の人たちを冷や冷やさせた。

第一、もともと棚上げの申し合わせがなかったという主張は、愚かな嘘であることは鮮明である。三点を挙げる。

1　日本の代表が周恩来の提案に「うん」と言わなかったら、どうしてその会談後の声明を、シャンペンを飲んで互いに祝福する雰囲気で終われたのだろう？

2　申し合わせがなければ、どうして日本は、石原氏が攪乱するまで三五年間も、良心的に尖閣を無人島のままにする配慮をしていたのだろう。

3

八十八歳の野中広務元官房長官(元自民党幹事長)が、日中関係の悪化を憂い、老体に鞭打って腰を上げて、北京に出かけた。そして帰ってから、日本のテレビで「棚上げ協定はもちろんあった」と声明した。——一九七二年、田中角栄さんが北京から帰って、その足で野中が箱根で開催していた自民党青年研究会に来て、野中に「周恩来と尖閣を今問題にしない、という申し合わせをしてきました」と田中が言った記憶が鮮明です——と言った。翌日、外務大臣も、自民党幹事長も急に記者会見をして、野中さんはどうかしている。記憶違いだろうと言い張った。

「棚上げ協定はなかった」と主張しているナショナリスト政治家、およびその政治家のバッシングを恐れている外交官が、そんなに明白に嘘であることを堂々と、平気な顔をして主張できることは、理解に苦しむ。

＊　＊

この本で、私の世界観、民主主義観、日本観を十分に披露したと思う。

日本観、民主主義観について、より詳しく知りたい読者のために、二〇一三年十月二十八日、政策研究大学院大学での講演を、**付録1**として抄録する。そして、これほど憤慨しがちなお爺さんになっても、ユーモアも、日本人との親しさの感じも失っていない証拠に、一九九二年の『「こうしよう」と言える日本』に付けた民話もどきも、本書の**付録2**として再録する。

（1）出版された本は、
『日本型資本主義と市場主義の衝突――日・独対アングロサクソン』藤井眞人訳、東洋経済新報社、二〇〇一年。

加藤周一、R・P・ドーア監修、福岡ユネスコ協会編『日本を問い続けて――加藤周一、ロナルド・ドーアの世界』岩波書店、二〇〇四年。

『働くということ――グローバル化と労働の新しい意味』石塚雅彦訳、中央公論新社、二〇〇五年
『誰のための会社にするか』岩波書店、二〇〇六年。

『金融が乗っ取る世界経済――21世紀の憂鬱』中央公論新社、二〇一一年。

『日本の転機――米中の狭間でどう生き残るか』筑摩書房、二〇一二年。

『幻滅――外国人社会学者が見た戦後日本70年』藤原書店、二〇一四年（本書）。
（2）Wikipedia, "Global assets under management"

〈付録1〉三権分立――「民尊官卑」時代の民主主義

私の恩人の一人は、マッカーサー（Douglas Macarthur）将軍です。というのは、一九四七年に日本文学の学位をとったら、留学のスカラシップをもらいました。ところが、占領軍がヴィザをくれません。やっと一九五〇年に日本に来ることができたのですが、それまでは、Ph.Dの研究として、江戸時代の藩校、寺子屋の研究をしていました。結局、博士号をとらないままで放っておいたのですが、『江戸時代の教育』という本を二十年後に出版しました。

しかしマッカーサーのおかげで、ロンドンで過ごしたその三年のあいだに、学位は日本文学専門でしたが、自分には文学評論家より社会構造の研究者が向いているということをだんだん意識するようになり、聴講生としてLSE（ロンドン・スクール・オヴ・エコノミクス）のいくつかの講座を聞きに行きました。その中に、カール・ポパー（Karl Popper）という論理学教授の講義もありました。

社会工学

当時、ポパー氏の本『開かれた社会およびその敵（*The Open Society and Its Enemies*）』が大いに流行っていました。本の趣旨は、プラトン（Plato）からマルクス（Marx）まで、一定のイデオロギーにかなった社会構造の青写真から出発する思想家は間違っていて、経験的改良主義的な、彼の言う「部分的社会工学（Piecemeal social engineering）」の方がいい、と。

当時でも、社会工学の目的を選ぶのにイデオロギーは排除できない、という彼の論理の欠陥に気がついたのですが、もう一つの問題、つまり社会工学の予想できない副作用の問題を強く意識したのが、一九七〇年代に日本に来た時でした。東京都教育長、小尾虎雄《とらお》氏の社会工学的高校入試改革の時でした。

小尾さんは、私がその当時書いていた『学歴社会　現代の文明病』と同じ思想的立場でした。当時の高校の入学制度は、学力一点張りでした。日比谷、新宿、麻布などには、得点の高い優秀な子供しか入れない。激しい競争でしたから、子供を塾へ通わせる親が多い。そこまではいいとして、問題は中学校の先生たちも「自分の教え子が何名日比谷に入ったか」と競争精神を発揮して、その候補になりそうな一番優秀な学生にばかり力を入れるようになる。学校が塾みたいになる。そして、中学卒ですぐ労働市場に出る平凡な子供の、非常に大事な社会教育、道徳教育、一般教養が軽視され、中学校の教育課程は、もともとの理想と違って、歪められた状態になっている、と。

その仔細については別のところに書きましたので繰り返しませんが（本書第五章を参照）、結果だけを言うと、小尾改革は、平等主義的な意図があったのに、予想もしなかった副作用として、東京の中流家庭が公立の学校を見下げて、私立中学校が大繁栄するという、格差を広げる転換期となってしまったのです。

さて、イデオロギーの重要性と、副作用をできるだけ予測する必要性、という二点を念頭におきながら、本論に入りましょう。

代表民主主義の黄金時代

代表民主主義の黄金時代には、積極的に政治に関わる人は――憂国の士も、自己利益追求のロビイストも、政治闘争を道楽とする人々も含めて――、国民のわずか一部でしかありませんでした。国民の大多数は、ときどき新聞の見出しを騒がす大きな危機があった場合以外には無関心で、選挙のとき、商工会議所とか労働組合とか宗教団体とか、何らかの中間機関を通じて、政党の安定的票田の一部として投票するだけに甘んじていました。

民主主義の思想が貫徹していた先進国では、三権分立というモンテスキュー（Montesquieu）の処方箋がそのまま実行された国はほとんどありませんでした。たとえば、イギリスでは、政府の執行権と国会の立法権の境界線は、今でもいたって曖昧です。三権におのおの同等な権威を与えているのは、ほとんどイタリアの憲法だけで、日本の憲法では、三権のうち国会が、政府、裁判所より優勢であるべし、とはっきり規定されています。

それでも、はっきりした分立でなくても、往々にして国会は、新しい法律を審査し、政府の執行権施行を討論する場所となったのですが、権限として政府の提案する法律を阻止すること以外に、執行権に侵入することはできませんでした。司法権となると、裁判所は、政府の執行権の行使が、法律にかなっているかどうかを判断する権限しかなくて、政府の執行権自体を規制しないのが普通ですが、その点、国によって大きな違いがあります。一方、アメリカや日本のように、はっきりした、文章になっている憲法のある国と、他方、イギリスのように憲法とは前例の集積であるという曖昧な概念になっている国との違いです。イギリスでは、裁判所が国会を通した法律は、どんな法律でも同等に守るべきものだとするのですが、アメリカや日本では、国会が通す法律自体も、そして政府の執行権行使も、果たして憲法の規定および精神にかなっているかを審査する、憲法の番犬としての権限もあります。

司法権の独立

その権限がかなり真面目に実行されてきた国では、法律や政府の行動が合憲であるかどうかを審査する最高裁判所は、かなり権威のある機関となっています。アメリカがそうであって、裁判官の交代の時、誰が最高裁に入るかに、政府も、国会も、国民も大いに関心を持つようになる。大義名分では、人物、経歴の潔癖さだけが基準となるはずですが、大統領任命のポストであるだけに、どうしても政党にとっては、候補者が自分たちの政治思想に近い人であるかどうかが、事実上、一つの基準になりがちです。それでも、つまらない人は稀にしか最高裁裁判官になれません。

残念ながら、日本の最高裁はアメリカのそれのように権威のある、威信のある存在ではありません。どの裁判官が最高裁のポストに任命されるかについて、法律畑の専門家以外に興味を持つ人が少ない。メディアで騒ぐこともない。なぜそうなったかといえば、独立した機関として、憲法、特に憲法九条の規定を守る代わりに、政府の行動を正当化するためにずるずるインチキな判決をしてきたからだと思います。自分の独立性を犠牲にして、執行権に屈服してきたとしかいえないと思います。うやむやの姿勢を取ってきたからだと思います。私が一九九三年に、憲法が不都合なら正直に改正しなさい、今の憲法を踏みにじるよりいい、という趣旨の本を書いて、(1) 多くの左寄りのいわゆる「護憲派」の友だちを失いました。最近も憲法九条修正絶対反対の運動を起こした知人に、「どうして防衛姿勢だけをとるの。憲法改悪反対・憲法改良推進会を作らないの?」と聞いたら、ショックだったみたい。とにかく、返事が来ません。

そういう運動を推進することは、今の安倍内閣時代にはもう遅いでしょうが、あの本を書いた一九九三年には、私が主張したように、日本人の手によって、日本の軍隊の役割を侵略を許さないように規定する「ホンモノの平和憲法」を制定できる可能性がありました。左翼護憲派の人たちが、ガチガチの防衛的教条主義を捨てて、もう少し利口な立場を取っていたなら。

しかし、元の話に戻りましょう。代表民主主義の黄金時代でも、モンテスキューの三権分立モデルから逸脱する国が多かったのです。しかし、モンテスキューからヒントをとれば、司法権を行使する裁判所の独立性が、執行権にも立法権にも優越する存在であることは、満足な政治体制の必須条件です。

官僚と政治家

そして、付け加えたいと思うもう一つの点が、執行権を行使する政治家がその執行権を分かち合う、政治色がなく、独立していて、エリート意識の強い「官僚」の存在も、同じように健全な政治体制の必須条件であるということです。（中略。官僚制度については、第十二章の「安倍内閣の官僚制度改革法案」のくだりを参照）

メディアという権力

さて、代表民主主義の話に戻りましょう。黄金時代が過ぎ去った後の、特に最近の、「直接民主主義」に近づいてきた過程を検討しましょう。

もともと国会が、限られた、ある水準の納税者層だけが選挙するものであったときでも――つまり、日本で言えば普通選挙法がしかれた大正十四年（一九二五）より前でも――、もう一つ、重要な権力行使者がありました。すなわち、昔は新聞、最近はメディアという存在です。

モンテスキューのフランスでは未発達でしたが、十八世紀の終わりになると、イギリスのエドモンド・バーク（Edmund Burke）が、イギリスの「政治力図」における新聞の重要性を問題にしていました。世論を形成する新聞を「第四身分（The Fourth Estate）」と名づけたのです。つまり、貴族、紳士、庶民以外の、第四の身分と。

そのメディアの重要性を鮮明にした一つのエピソードがあります。一九九七年のイギリスの選挙の前に、労働党の党首ブレアが、わざわざオーストラリアに飛んで、『タイムズ』紙などのメディアの大所有者マードック（Rupert Murdoch）に、「よろしくお願いする」と頼みにいきました。

メディアは前々から、こうして、政治に対する影響が強い。二十年前の日本もそうでした。自民党政府に対して、『朝日』は左翼の立場から、『産経』は右翼の立場から、政府への批難を厳しく書きました。今は、声高々に強いことを言うのは『産経』だけで、『朝日』などは穏健になってしまい、時の政府への挑戦をしかけるのは、鳩山内閣のように、時の政府が政・官・財界にとって異端的存在とされてくる時、新聞が旧体制の人たちの「鳩山おろし」に加担した時のような例外だけです。

ソーシャル・メディアの勃興

しかし、欧米において、代表民主主義への大きな挑戦は、新聞でもなく、従来のメディアでもなく、最近の新しいソーシャル・メディアの勃興です。

「世論調査」は、半世紀前からありまして、それを政治家がかなり注意するようになりました。しかし世論調査の回答者は、あまり考えたことがないことについて突然聞かれて、「まあそうだな」という生ぬるい回答をすることが多い。世論調査はその消極的な回答の集成にすぎません。

ところが、ソーシャル・メディアは違います。政治的信念の強い、憂国の士と自負する人たちが、あるいはある事件、ある大臣の演説に憤慨して、たまらなくなって、情熱的に、多くの場合、暴言的にメッセージを発信します。ツイッターの場合、暴言的になりがちなのは言葉の数の制限が厳しいからで、なおさら、黒か白か、ニュアンスのない意見表明になります。しかし、同じ趣旨のそういうメッセージが何千本も、同じ日に発表されれば、政治家への影響が少なくありません。

代表民主主義に対して、二五〇〇年前のアテネなどの直接民主主義が復活したとも思えます。最近の例を言いますと、イギリスで、最初は与党と一緒にシリアに対する「戒めの爆撃」計画に賛成しようと思っていた労働党の党首が、ソーシャル・メディアの反対の声の洪水が一因となって、最後の土壇場で考え直し、政府案が否決され、イギリスは軍事的行動が取れなくなって、同盟国米国を怒らせました。

米国の場合、より驚くべき効果がありました。日本国憲法の第九条には「交戦権」という言葉が出てきます。日本国民は国の交戦権を認めないと。米国の憲法では、もちろん交戦権を放棄していません。交戦権は大統領の執行権であり義務であります。ところがオバマ大統領が、シリア政府に対する「戒めの爆撃」をすると宣言したにもかかわらず、特にイギリス国会が参加を見合わせる投票をしたあとでは、米国のソーシャル・メディアでは圧倒的に、情熱的に「参戦反対」の声一辺倒でした。元来大統領一人の判断による交戦権を、オバマ氏は事実上放棄して、シリア爆撃の是非を国会に問うと決めました。

結果は、幸いにしてよかったのです。オバマ氏の躊躇を利用して、ロシアの外務大臣ラブロフ（Sergey Lavrov）氏が乗り込んで、短期間のうちにシリアの化学兵器放棄という案へのシリア政府の同意を獲得して、一応オバマ氏をその苦しいジレンマから救いました。

ソーシャル・メディアの危険性

以上の二つの例は幸いにして、ソーシャル・メディアが、私に言わせればいい方へ、政策に影響を与えたものですが、一般的にはそうではなくて、むしろ危険な傾向を孕んでいると思います。というのは、右翼的派閥の力を培えるからです。東京を歩いていると、あの右翼の拡声器トラックを見ると、政治的関心を持っているのはあの少数の日雇い右翼だけだと、知らない人は思うでしょう。

しかし、ソーシャル・メディアとなると、欧米において、やはり右寄りの意見表明が多い。はっきりした調査はないのですが、世界でツイッターに加入している人の中には、極端な個人主義者が多いようです。米国では、共和党の極右の「ティー・パーティー」の人たちが目立ちます。ヨーロッパでは、米国の最近の混乱した政治戦争の醜態を見て、哀れなものだと見下げて自己満足を感ずる人が多いのですが、『ファイナンシャル・タイムズ』の最近の面白いコメント(2)によると、そのようなヨーロッパ人の自己満足は、いたって危険です。そのコメントでは、イギリス、ドイツ、フランス、オーストリア、オランダに、選挙で五%、一〇%票を取る、主として移民排除問題を主要な主張とする右翼の政党が現れてきました。ヨーロッパ議会の投票率は各国の総選挙より低い四〇%、五〇%くらいですから、一生懸命に選挙運動をする彼らは、ソーシャル・メディアを利用して、そういう党派の党員の有権者総数における比率よりも、かなり多くの議席を取る可能性が大きい。そしてヨーロッパ議会でブロックをなして、米国で「ティー・パーティー」が政治を攪乱しているように、ヨーロッパ共同体の政治も攪乱される可能性が、なきにしも非ず。注意しろ、と。

健全な民主主義への二つの危険な挑戦

健全に機能する民主主義への大きな脅威は、二つあるといえます。

今のソーシャル・メディアがその一つ。

もう一つは、米国のスパイがドイツのメルケル首相の電話を十一年前から盗聴していたという事実が明るみになって、人々は初めて気がつきましたが、国家が自国の市民、他国の市民のプライバシーを破壊して、個人生活に進入することを可能にする技術が発達してきたことです。

そのどちらが一番恐ろしい脅威であるかは判断しにくい。しかし、明るみに出た米国のスパイ網を考えれば、今の安倍政権が時代遅れの機密保護法を熱心に制定しようとしている姿はちょっと滑稽だと思います。

安倍ナショナリズム

（中略。第十一章で、コーポレート・ガバナンスや企業の付加価値配分の表について、アメリカ化、新自由主義化という過去二十年の財界の熱が少し冷めてきた兆しに触れた。）

政治界、官界、財界において嫌米感情を感ずる人の数が増えたのかもしれません。安倍総理大臣は、元来、米国従属派でもなかった。しかし、面白いのは、その復古主義の兆しと安倍内閣の軍国主義的ナショナリズムとがおなじ現象の両面であるかどうか、という問題です。明治以来の歴史においては、最近のアメリカ化のように、外国をモデルとした時期が二回ありました。明治の欧米型文明開化はその一つ。しかし不平等条約改正交渉が失敗に終わった一八八七年から、それへの反動として日本主義が勃興します。

大正デモクラシーが排撃された一九二七年も、同じ大きな転換点でした。それと同じように、今も、アメリカをモデルとしないで、日本人の特性を誇って、日本独自の道を歩もうというムードが、つのってくる転換期であるかどうか。

日本のこれからの進路

さて、主催者から、日本のこれからの進路はどうあるべきか、自分の意見を述べてくださいと言われています。まあ、十九世紀以来、人のアドヴァイスを仰いでそれを無視するのは、人の習いでしょう。ハーバート・スペンサーがいい例です[3]。

それでも、あえて余計なアドヴァイスを提供いたします。二点。

まず、政権が移り変わっても、政府の戦略的目標としては、いわゆる「激化する国際競争において日本が勝ち抜くため」というのが第一目標として安定していました。しかしそれを第二目標として、第一目標を「日本社会を住みよい社会にする」とすべきです。

第二点は、日本の国際的存在感が薄いことを憂う人が非常に多いでしょう、私は存在感をいっぺんに重くする処方箋をあげます。これは去年出した新書『日本の転機――米中のはざまで、どう生き残るか』に書いたことですが、誰も読まない本だから、簡単に要約しましょう。

1 日本も最初は熱心な支持者だった「核不拡散条約」は、現在はただ一つだけの使途に使われている。すなわち、その条約にサインしたこともないイスラエルの近東における核兵器独占を守るために使われている。イランが核弾頭ミサイルという報復能力を獲得してイスラエルの圧倒的優位状態を崩し、対等な立場で交渉できる体制になる可能性は十分にある。それを阻止するための、イスラエル軍と、あるいは独自に、あるいはアメリカと協同して、イランを爆撃する正当性を主張する根拠を与える条約でしかなくなっている。

2 世界中の良識ある人々の目には、これはまったく不条理なできごとである。

3　日本が人類の良心にアピールして、以下のようにすれば、たちまち世界の国際主義、平和主義者からエールを贈られる。すなわち、

あ　ワシントンがどんなに怒っても構わないから、核不拡散体制から脱退する。

い　日本は永遠に核兵器を作らないことを宣言する。

う　ドイツなどと協議して、新しい「核兵器管理条約」を練り、作るための会合を設定する。

え　その管理制度の仔細についての交渉が大変で、長引くに違いないが、重要なのは、

——核兵器保有国へのＩＡＥＡの検査は、ターゲット調整のメカニズムまで、厳しい検査を受け入れることを条件とすること。

——それを受け入れることを断る国に対しては、抵抗する国、例えば現在のイランに対して欧米が施しているような経済制裁を厳しく与えること。

現在の世の中を見れば、現時点の日本を見れば、まったく非現実的な発想に見えるでしょうが、日本に魅力のある大物政治家が出てきて推進するなら、案外、米国のハード・パワーに対して、ソフト・パワーを築こうとしている中国も、ロシアも協力するかもしれません。

そんな突飛なことを米寿の老人に言わせていただけるのは、やはり日本人は親切であることの証拠だと思います。ありがとうございます。

（1）R・P・ドーア『「こうしょう」と言える日本』朝日新聞社、一九九三年。
（2）Gideon Rachman, "Watch out for the rise of a European Tea Party", *Financial Times*, October 21, 2013.
（3）Three Letters to Kaneko Kentaro（1892） by Herbert Spencer（1820-1903）.

〈付録2〉やまと屋の犬

ハイ、「やまと屋の犬」という話なんですよ。

昔、昔、大昔、ある小さな部落がありました。正式の名前は「地球郡味屋村」でしたが、その部落には、わずかな家しかなかったんです。「唐屋」とか「韓屋」とか、その他に「やまと屋」という家がありました。それから東のほうの隣の部落には、それこそ広い広い土地を持っていた「あめ屋」という家もありましたが、西のほうにもやっぱしこれも大地主で「おそろし屋」という家がありました。

さて、例のやまと屋ですが、昔、犬を飼ってました。若い時は、かわいい、わりとおとなしい犬でしたが、大きくなったらすごいおそろしい犬になってねぇ、やまと屋の人たちも困っちまって。ほんとうは畳の上にあがってはいけないことになっていたんですが、とんでもない、ずんずんあがってきて、台所から魚を持っていったり、肉を持っていったりして、まったく手に負えない犬君でした。

それはそれとして、また隣の人たちに迷惑をかけること。すぐ隣の唐屋や韓屋の人たちも困ってしまったんです。やまと屋の犬君に鶏小屋を荒らされたり、野菜畑を荒らされたり、ほんとに困ったんですが、あんまりコワイ犬だったので泣き寝入りしかできませんでした。

ところが、その犬君がますます自信がついてしまって、いったん鶏狩りの味をしめたら、だんだん遠いところまで遠征するようになったんです。しまいには隣部落のあめ屋さんの鶏小屋まで荒らすようになりました。

さて、たいへんだ。あめ屋さんの人たちがすごーく怒ってね、大変な見幕でやまと屋にやってきて、例の犬をいきなり殺してしまった。それればかりではない。「あんな犬を飼ってるおまえたちもなっておらん！　これから一切犬を飼わない約束をしろ」なんて言うんですよ。

「うーん、だけど番犬ぐらいはいいだろう？」とやまと屋の人たちが言うと、「いやっ、番犬だってだめだ。お前たちの犬が殺されてしまってからの世の中というのは、いずれ、みんなが平和に暮らせるような世の中になるんだから、番犬なんか要らないからさあ」。

その頃は、ほんとうにそう見えました。あめ屋さんたちとおそろし屋さんたち、わりに仲良くしていたし、どこの家の犬もみんなおとなしいし、他所の鶏小屋へ入って鶏を食べるような犬はいませんでした。

そして、結局、やまと屋の人たち自身もたいへん乗り気になってねぇ、犬を飼う費用も節約できるし、自分たちのことを「犬なき家の草分け」などと、誇らしげに言うまでになりました。まるで自分たちで「犬排撃の宣言」を考えたかのように。

ところが、惜しいかなぁー、それは長続きはしませんでした。あめ屋の人たちとおそろし屋の人たちが喧嘩ばっかりするようになってねぇ。結局、あんまり仲が悪いんで、味屋村もすっかり二派に割れてしまって、まあ、物騒な世の中になりました。

やまと屋の人たちが、「まあ、番犬ぐらいは持てばよかった」と思うようになったのも無理はありません。またその後かなり親密に往き来していたあめ屋さんの人たちも、「おれたちもちょっと単純に考えていた。おそろし屋のとこのあの犬は何をしでかすかわかんないから、おまえたちもやっぱり番犬ぐらいは飼っといたほうがよかろう」と言うようになりました。

ところがどうしよう。あんなにはっきりと「犬を飼わない」と公言したんじゃないですか。世間体が悪い。

やまと屋には息子が二人いて、その一人は右衛門といったんだが、「あんなことはかまわない。早く犬飼おう」と言うんです。けれども、もう一人の左衛門は、それこそ律儀な男でしてね、あくまで「いや、だめだ！　あの恐ろしい犬君でどんなひどい目にあったか、おぼえてないのか、みんな。犬を飼わないと世間に約束したんじゃないか。絶対守らなきゃならない」と、そう言うんです。

しかし、強引な右衛門には、やっぱりかなわなかった。左衛門の反対を押し切って犬を買ってきたんです。結局、やまと屋も世間並みの犬飼いの家になってしまいました。

ただ、依然として「絶対反対」を唱えている左衛門の気持ちをなだめるために、いくつかの条件を右衛門が呑んでしまいました。

まず第一に、犬の種類なんですが、土佐犬のようなおそろしい犬は飼わない。おとなしい質のいい犬にすること。

そして二番目には、犬を飼わないと公言をした以上、その犬、ま、名前は「治衛太郎」と付けたんですが、その犬のことを決して「イヌ」と言わない。「ヌイ」と言う。「家でヌイを飼ってる」、そういうふうに言うことにしました。

それから三番目には、人の鶏を取ったり、えー、畑を荒らしたりしないように、よくよく躾《しつ》けて、決してやまと屋の宅地の外へ一歩も出ないように訓練することにしました。

まあ、それでいちおう収まりました。もっとも左衛門君の気持ちは収まらない。例のヌイ君がいくら機嫌とろうと尻尾を振って左衛門のところへ寄ってきても、まったく知らん顔をするか、あるいは人がいないない時なら蹴ったりもするっていう調子でした。

しかし、時間が経つにつれて、隣の人たちも「まあ、やまと屋で犬を飼ってもたいしたことないや」と思うようになるし、例の治衛太郎君も大きくなってもやはりおとなしい躾《しつけ》のいい犬だったし、しまいにさすがの左衛門氏もあまりヌイ君のことを言わなくなりました。

ただ、だんだん不満に思うようになったのは、右衛門のほうの息子の右太郎でした。威勢のいい男でねえ。左衛門も右衛門も年をとって、やまと屋でますます発言権が強くなったのはこの右太郎でした。従兄弟の、つまり左衛門の息子の左太郎もいたんだが、その左太郎よりずっと身体が丈夫で、大きな声でしゃべる。まあ、大物というか、とにかく強引なところがありました。

この右太郎という人が、例のヌイ君をとっても可愛がっていた。また、村の若い人たちと狩りに行くのが好きで、狩りに行く時、友だちと同じように犬を連れていかれないのが悔しくてね。

またある日、山から猪《いのしし》が出てきて、みんなの大豆畑を荒らしてしまった。村の消防団の青年が動員されまして猪を追い出すため番をしていたんですが、みんな犬を連れていくのに、宅地から出られない犬だから、連れていかれない左太郎や右太郎は狩人の弁当係をさせられた。それにも肩身の狭ーい思いをしました。特に右太郎は気がくしゃくしゃになりました。

しかし、左太郎もそこで考えたんです。みんなと一緒に猪を追い出すことは決して悪いこっちゃないでしょ。それにうちの治衛太郎君を連れていくのも、まあ、当たり前でしょう。まあ、右太郎が、犬を連れていけないとあめ屋さんのとこのコストマーア君にばかにされるというのは、それはどうでもいい。それはどうでもいいんだが、それとは別に、猪を追い出すこと自体はやはりみんなのためだ。宅地内だけウン、ウンとは、まあちょっとおかしい。だいいち、「ヌイ」なんてばかばかしい名前を使って昔の約束と辻つまを合わせようとするなんて、それ自体おかしい、と左太郎がひそかに考えるようになりました。

ところが、黙ってました。なぜ黙っていたかというと、まあ、お父さんがかわいそうというか、右太郎君があんまりにも暴走して、独り善《よ》がりで、昔の約束をまったく無視してヌイ君を宅地の外へもつれていこうじゃないかと強引に言うときに、左衛門お爺さんがプンプン怒って制止しようと一生懸命になっているときに、そこへ自分が右太郎の味方をするようなことをしたら、おやじが可哀想だと思って左太郎は黙っていたんですよ。

ところが、ある日、もうたまらなくなりました。猪などの実情を無視して、「われわれの約束」云々とたてまえ一点張りのことを言うお父さんを見ていられなくなりました。おずおずとお父さんに言いました。

「お父さーん、あの威勢のいい右太郎のやつに、いずれ負けますよ。私はやはり昔のあの約束を焼き直す時機が来たと思いますよ。だってぇ、世の中がすっかり変わったし、消防団の仕事に協力すること、悪いことでもないしねえー。とにかくぅ、右太郎君が約束完全焼き直しを言い出して、すごい焼き直し方をされる前に、われわれのほうから合理的にやったほうがいいと思いますよ」

左衛門は呆気にとられて、言葉が出なくなって開いた口がふさがらなかったんです。

そこへ左太郎が続けて、

「だって、お父さん、もうお父さんが言うように、宅地を出ればあめ屋さんの人々にこき使われるだけだという時代じゃないですよー。そして約束を守るべきだと言っているお父さんだって、もうだいぶ妥協してきたんじゃないですかぁ。あの約束は『犬を絶対飼わない』という約束だったよ。そこへ、『まあ、ヌイとさえ呼べば』とか、『宅地からさえ出なければ約束の精神だけは守られている』なんてみっともないじゃないですかぁ、お父さーん」

まあ、左衛門さんの立場を考えて下さい。可哀想に一生、一貫して闘ってきたこと、一貫して守ってきたことを、まったく台なしにしましょうと、自分の可愛い息子に言われて。可哀想じゃない？　結局、あんまり大きなショックで、左衛門さんは卒倒して寝たきりの植物人間になりました。

――ここまでは、現状風刺。これからは、一九九二年に私が抱いていた、二〇一四年になっても実現しない、希望を描く。――

そして結局、例の約束を焼き直すことになりました。やはり右太郎が欲しかった全面的焼き直しじゃなくて、左太郎が言っていたように、えー、ま、つまり、犬を飼っても家の外へ連れていくのは村の仕事のためだけだ、というような焼き直しになりました。

なぜあの気の強い右太郎の言うとおりにならなかったんですか、と皆さん、思うでしょう。まあ、それは、やまと屋の女衆がやはり左太郎側についたためですよ。元来、あまり犬好きじゃなかったんですよ、女衆は。しかし、犬を飼っている以上、それを毎日「ヌイ」「ヌイ」と言っていなければならないのは、正直な彼女たちにとっていやでね——。それで宅地からさえ出さなければ約束の精神は守られている、という左衛門爺さんの子供だましの偽善もいやだったし。だから左太郎がそんなことを言い出したときに、女の人が手を叩いて「ああ、せいせいするわ」と言い出した。

まあ、そういうことで、やまと屋が世間並みの家になりました。いまでもときどき、人がふざけて犬を呼ぶときに、「おーい、ヌイ君、こっち、こっちィ」と言います。そうすると、みんな噴き出して、「アハハハ、あのときはみんな憤慨しましたねえ」と、昔話をしています。

おしまい。

関連年表（一九四五〜二〇一三）

年	〈日本の動き〉	〈世界の動き〉
一九四五	八月十五日、天皇による終戦の詔勅 九月十九日、GHQよりプレスコード発令 十月、総司令部が政治犯（徳田球一、志賀義雄ら）の釈放を命じる 十二月、労働組合法の公布	十月、世界労働組合連盟創立大会（パリ） 同月、国際連合の発足
一九四六	一月、天皇の人間宣言 五月、極東国際軍事裁判の開廷 十月、農地調整法改正公布（第二次農地改革） 十一月、日本国憲法の公布（四七年五月施行）	国際通貨基金、世界銀行の創立 チャーチルが「鉄のカーテン」演説
一九四七	一月末、不発の「二・一ゼネスト」 三月、教育基本法、学校教育法の公布（六・三制教育の開始）	三月、トルーマン・ドクトリンを宣言 六月、マーシャル・プラン発表
一九四八	十二月、GHQが経済安定九原則を発表	大韓民国、朝鮮民主主義人民共和国の建国
一九四九	四月、ドッジ米公使が均衡予算の実施、補助金の廃止を強調（ドッジ・ライン）	「国際自由労連」が誕生 中華人民共和国の成立

一九五〇	警察予備隊の創設 「総評」の誕生 一月、平和問題懇話会による「全面講和」宣言	朝鮮戦争（〜五三年休戦）
一九五一	サンフランシスコ講和条約に調印 『読売新聞』で初めて「逆コース」の語が使われる	
一九五二	「日米地位協定」の前身「日米行政協定」	米が太平洋で初の水爆実験
一九五三	池田・ロバートソン会談	
一九五四	自衛隊の発足	
一九五五	「五五年体制」の成立 「生産性本部」の誕生	
一九五六	国連への日本の加盟が承認される 経済白書「もはや戦後ではない」	毛沢東が百花斉放、百家争鳴を提唱
一九五七	岸信介が総理大臣に就任	ハーバート・ノーマンが米上院のレッド・パージで弾劾される
一九五九	経済成長率が初めて二桁台に	
一九六〇	一月、新日米安保条約に調印、安保闘争 浅沼社会党委員長、右翼少年に刺殺される 「所得倍増計画」決定	
一九六一	この年から四日市で喘息患者が多発	

一九六四	東京オリンピック	
一九六五	日韓基本条約 家永三郎、歴史教科書検定違憲訴訟（九七年、最高裁判決）	
一九六八		核拡散防止条約（NPT）採択
一九七二	日中国交回復 沖縄の施政権返還	ニクソン・ショック
一九七三	オイル・ショック 「福祉元年」と言われる	
一九七四		MFA（Multi Fibre Arrangement）の国際的合意
一九七九		五月、サッチャーが首相に就任 エズラ・ヴォーゲル『ジャパン・アズ・ナンバーワン』出版
一九八〇	第二次オイル・ショック 七月、鈴木善幸が総理大臣に就任	
一九八一		レーガンが大統領に就任
一九八二	中曽根康弘が総理大臣に就任	
一九八五	プラザ合意	

一九八八	リクルート事件発覚	
一九八九	一月、昭和天皇崩御 消費税法が施行（三％）	中国で天安門事件
一九九〇		東西ドイツの統一
一九九一	大規模商店法の緩和	一月、湾岸戦争 十二月、ソ連邦解体
一九九二	ＰＫＯ協力法、国際平和協力法の成立	地球温暖化防止条約を採択
一九九三	五五年体制の終焉	
一九九四	小選挙区比例代表並立制の導入	
一九九五	地下鉄サリン事件	
一九九六		台湾危機（第三次）
一九九七	ストック・オプションの導入 山一證券の倒産 消費税の増税（五％） 長期デフレを伴う長い不景気が始まる	
一九九八	大蔵省接待汚職事件	
二〇〇一	小泉純一郎が総理大臣に就任	九月一一日、米国で同時多発テロ エンロン・ワールドコム倒産
二〇〇三		三月、イラク戦争

二〇〇七	郵政民営化	サブプライムローンが問題に
二〇〇八		九月、リーマン・ショック
二〇〇九	民主党政権の誕生	一月、オバマが大統領に就任 六月、GM破綻
二〇一〇		ギリシャに端を発するユーロ危機が問題化
二〇一一	三月十一日、東日本大震災	
二〇一二	安倍晋三が総理大臣に就任	
二〇一三	「アベノミクス」が話題に	

（作成・編集部）

ヤ　行

ラ　行

ワ　行

タ　行

ナ　行

サ　行

人名索引

著者紹介

ロナルド・ドーア（Ronald Dore）

1925年、イギリスのボーンマス生。ロンドン大学名誉教授。社会学者。

ロンドン大学東洋アフリカ研究学院卒業。戦時中に日本語を学び、1950年、江戸期の教育の研究のため東京大学に留学。その後、ロンドン大学、ブリティッシュ・コロンビア大学、サセックス大学開発問題研究所、ハーバード大学、MITなどで教鞭を取りつつ、主として日本の社会経済構造の研究、および日本の経済発展史から見た途上国の開発問題を研究。

邦訳著書に『都市の日本人』『日本の農地改革』『江戸時代の教育』『学歴社会　新しい文明病』（岩波書店）『イギリスの工場・日本の工場』『不思議な国日本』（筑摩書房）『日本型資本主義と市場主義の衝突』（東洋経済新報社）『働くということ』『金融が乗っ取る世界経済』（中公新書）『誰のための会社にするか』（岩波新書）『日本の転機』（ちくま新書）等がある。

幻《げん》滅《めつ》——外国人社会学者《がいこくじんしゃかいがくしゃ》が見た戦後日本《せんごにほん》70年《ねん》

2014年11月30日　初版第1刷発行©

著　　者　ロナルド・ドーア

発行者　藤　原　良　雄

発行所　株式会社　藤　原　書　店

〒162-0041　東京都新宿区早稲田鶴巻町523
電　話　03（5272）0301
ＦＡＸ　03（5272）0450
振　替　00160 - 4 - 17013
info@fujiwara-shoten.co.jp

印刷・製本　中央精版印刷

落丁本・乱丁本はお取替えいたします
定価はカバーに表示してあります

Printed in Japan
ISBN978-4-86578-000-0

VI 魂《こころ》の巻——水俣・アニミズム・エコロジー　　解説・中村桂子

Minamata : An Approach to Animism and Ecology

四六上製　544 頁　**4800 円**（1998 年 2 月刊）◇978-4-89434-094-7

水俣の衝撃が導いたアニミズムの世界観が、地域・種・性・世代を越えた共生の道を開く。最先端科学とアニミズムが手を結ぶ、鶴見思想の核心。

月報　**石牟礼道子　土本典昭　羽田澄子　清成忠男**

VII 華の巻——わが生き相《すがた》　　解説・岡部伊都子

Autobiographical Sketches

四六上製　528 頁　**6800 円**（1998 年 11 月刊）◇978-4-89434-114-2

きもの、おどり、短歌などの「道楽」が、生の根源で「学問」と結びつき、人生の最終局面で驚くべき開花をみせる。

月報　**西川潤　西山松之助　三輪公忠　高坂制立　林佳恵　C・F・ミュラー**

VIII 歌の巻——「虹」から「回生」へ　　解説・佐佐木幸綱

Collected Poems

四六上製　408 頁　**4800 円**（1997 年 10 月刊）◇978-4-89434-082-4

脳出血で倒れた夜、歌が迸り出た——自然と人間、死者と生者の境界線上にたち、新たに思想的飛躍を遂げた著者の全てが凝縮された珠玉の短歌集。

月報　**大岡信　谷川健一　永畑道子　上田敏**

IX 環の巻——内発的発展論によるパラダイム転換　　解説・川勝平太

A Theory of Endogenous Development : Toward a Paradigm Change for the Future

四六上製　592 頁　**6800 円**（1999 年 1 月刊）◇978-4-89434-121-0

学問的到達点「内発的発展論」と、南方熊楠の画期的読解による「南方曼陀羅」論とが遂に結合、「パラダイム転換」を目指す著者の全体像を描く。

〔附〕　年譜　全著作目録　総索引

月報　**朱通華　平松守彦　石黒ひで　川田侃　綿貫礼子　鶴見俊輔**

人間・鶴見和子の魅力に迫る

鶴見和子の世界

R・P・ドーア、石牟礼道子、河合隼雄、中村桂子、鶴見俊輔ほか

学問／道楽の壁を超え、国内はおろか国際的舞台でも出会う人すべてを魅了してきた鶴見和子の魅力とは何か。国内外の著名人六十三人がその謎を描き出す珠玉の鶴見和子論。〈主な執筆者〉**赤坂憲雄、宮田登、川勝平太、堤清二、大岡信、澤地久枝、道浦母都子**ほか。

四六上製函入　三六八頁　**三八〇〇円**（一九九九年一〇月刊）◇978-4-89434-152-4

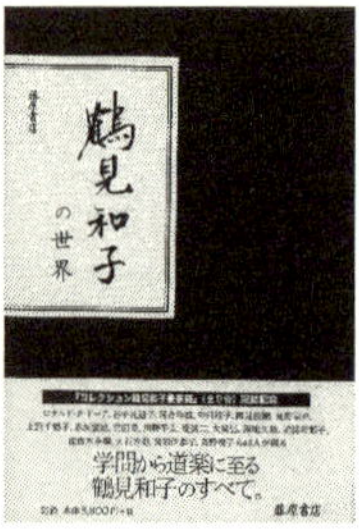

鶴見俊輔による初の姉和子論

鶴見和子を語る

〈長女の社会学〉

鶴見俊輔・金子兜太・佐佐木幸綱　黒田杏子編

社会学者として未来を見据え、〝道楽者〟としてきものやおどりを楽しみ、〝生活者〟としてすぐれたもてなしの術を愉しみ……そして斃れてからは「短歌」を支えに新たな地平を歩みえた鶴見和子は、稀有な人生のかたちを自らどのように切り拓いていったのか。

四六上製　二三二頁　**二二〇〇円**（二〇〇八年七月刊）◇978-4-89434-643-7

バブルとは何か

世界恐慌　診断と処方箋
〈グローバリゼーションの神話〉

R・ボワイエ
井上泰夫訳

ヨーロッパを代表するエコノミストである「真のユーロ政策」のリーダーが、世界の主流派エコノミストが共有する誤った仮説を抉り出し、アメリカの繁栄の虚実を暴く。バブル経済の本質に迫り、現在の世界経済を展望。

四六上製　二四〇頁　**二四〇〇円**
（一九九八年一二月刊）
◇978-4-89434-115-9

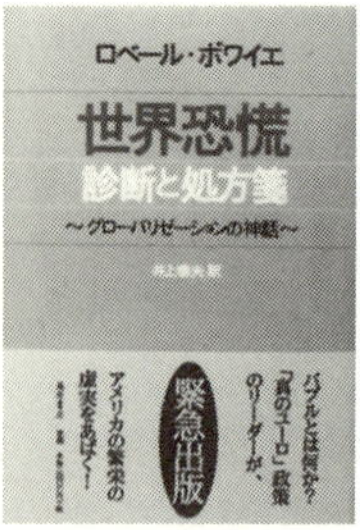

日仏共同研究の最新成果

戦後日本資本主義
〈調整と危機の分析〉

山田鋭夫＋R・ボワイエ編

山田鋭夫／R・ボワイエ／磯谷明徳／植村博恭／海老塚明／宇仁宏幸／遠山弘徳／平野泰朗／花田昌宣／鍋島直樹／井上泰夫／B・コリア／P・ジョフロン／M・リュビンシュタイン／M・ジュイヤール

A5上製　四一六頁　**六〇〇〇円**
（一九九九年二月刊）
在庫僅少◇978-4-89434-123-4

資本主義は一色ではない

資本主義VS資本主義
〈制度・変容・多様性〉

R・ボワイエ
山田鋭夫訳

各国、各地域には固有の資本主義があるという視点から、アメリカ型の資本主義に一極集中する現在の傾向に異議を唱える。レギュラシオン理論の泰斗が、資本主義の未来像を活写。

四六上製　三五二頁　**三三〇〇円**
（二〇〇五年一月刊）
◇978-4-89434-433-4

UNE THÉORIE DU CAPITALISME EST-ELLE POSSIBLE?
Robert BOYER

政策担当者、経営者、ビジネスマン必読！

ニュー・エコノミーの研究
〈21世紀型経済成長とは何か〉

R・ボワイエ
井上泰夫監訳
中原隆幸・新井美佐子訳

肥大化する金融が本質的に抱える合理的誤謬と情報通信革命が経済に対してもつ真の意味を解明する快著。

四六上製　三五二頁　**四二〇〇円**
（二〇〇七年六月刊）
◇978-4-89434-580-5

LA CROISSANCE, DÉBUT DE SIÈCLE : DE L'OCTET AU GÈNE
Robert BOYER

新たな「多様性」の時代

脱グローバリズム宣言
（パクス・アメリカーナを越えて）

R・ボワイエ＋P－F・スイリ編
青木昌彦　榊原英資　他
山田鋭夫・渡辺純子訳

アメリカ型資本主義は本当に勝利したのか？　日・米・欧の第一線の論客が、通説に隠された世界経済の多様性とダイナミズムに迫り、アメリカ化とは異なる21世紀の経済システム像を提示。

四六上製　二六四頁　二四〇〇円
（二〇〇二年九月刊）
◇978-4-89434-300-9

MONDIALISATION ET RÉGULATIONS
sous la direction de
Robert BOYER et Pierre-François SOUYRI

新しい経済学の決定版

増補新版
レギュラシオン・アプローチ
（21世紀の経済学）

山田鋭夫

新しい経済理論として注目を浴びるレギュラシオン理論を日本に初めて紹介した著者が、初学者のために「レギュラシオン理論への誘い」を増補し、総合的かつ平易に説く決定版。［附］最新「レギュラシオン理論文献」（60頁）

四六上製　三〇四頁　二八〇〇円
（一九九一年五月／一九九四年一二月刊）
品切◇978-4-89434-002-2

なぜ資本主義を比較するのか

さまざまな資本主義
（比較資本主義分析）

山田鋭夫

資本主義は、政治・労働・教育・社会保障・文化……といった「社会的なもの」と「資本的なもの」との複合的総体であり、各地域で多様である。このような〝複合体〟としての資本主義を、国別・類型別に比較することで、新しい社会＝歴史認識を汲みとり、現代社会の動きを俯瞰することができる。

A5上製　二八〇頁　三八〇〇円
（二〇〇八年九月刊）
◇978-4-89434-649-9

日本経済改革の羅針盤

五つの資本主義
（グローバリズム時代における社会経済システムの多様性）

B・アマーブル
山田鋭夫・原田裕治ほか訳

市場ベース型、アジア型、大陸欧州型、社会民主主義型、地中海型——五つの資本主義モデルを、制度理論を背景とする緻密な分類、実証をふまえた類型化で、説得的に提示する。

A5上製　三六八頁　四八〇〇円
（二〇〇五年九月刊）
◇978-4-89434-474-7

THE DIVERSITY OF MODERN CAPITALISM
Bruno AMABLE

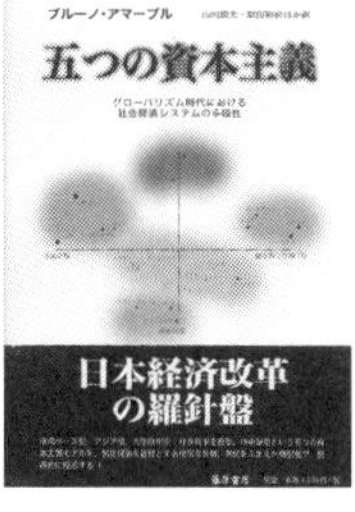